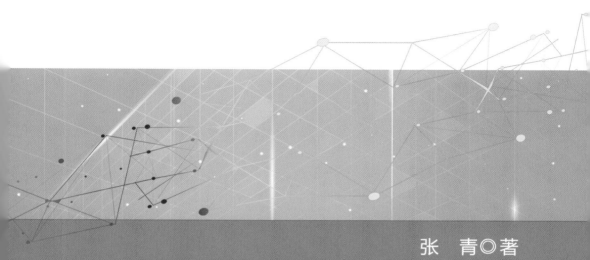

张　青◎著

数字经济时代
职业教育转型路径研究

SHUZI JINGJI SHIDAI
ZHIYE JIAOYU ZHUANXING LUJING YANJIU

中国财经出版传媒集团

经济科学出版社
Economic Science Press

图书在版编目（CIP）数据

数字经济时代职业教育转型路径研究／张青著．--
北京：经济科学出版社，2022. 10
ISBN 978－7－5218－4145－9

Ⅰ.①数… Ⅱ.①张… Ⅲ.①职业教育－研究－中国
Ⅳ.①G719. 2

中国版本图书馆 CIP 数据核字（2022）第 196738 号

责任编辑：杜　鹏　常家凤　刘　悦
责任校对：齐　杰
责任印制：邱　天

数字经济时代职业教育转型路径研究

张　青/著

经济科学出版社出版、发行　新华书店经销

社址：北京市海淀区阜成路甲 28 号　邮编：100142

编辑部电话：010－88191441　发行部电话：010－88191522

网址：www. esp. com. cn

电子邮箱：esp_bj@ 163. com

天猫网店：经济科学出版社旗舰店

网址：http：//jjkxcbs. tmall. com

固安华明印业有限公司印装

710×1000　16 开　13 印张　210000 字

2022 年 11 月第 1 版　2022 年 11 月第 1 次印刷

ISBN 978－7－5218－4145－9　定价：69. 00 元

（图书出现印装问题，本社负责调换。电话：010－88191510）

（版权所有　侵权必究　打击盗版　举报热线：010－88191661

QQ：2242791300　营销中心电话：010－88191537

电子邮箱：dbts@ esp. com. cn）

前　　言

职业教育作为对受教育者实施某种职业或生产劳动所需知识和技能的一种教育类型,在国家建设、行业发展和企业发展等层面都发挥着重要作用。我国职业教育经过多年的高速发展已经成为普通教育之外的第二大教育类型,而随着数字经济的蓬勃发展,职业教育被赋予了更多新的时代内涵。

当前,我国正处于数字经济快速发展的阶段,数字经济的发展为社会和市场提供了大量新的就业机会,数字人才的需求量正持续增长。随着数字经济的快速发展,以及技术进步与市场竞争所产生的新技术、新产业、新业态、新模式的应用和扩散,产生了新的就业岗位,如物联网技术、5G、服务、制造营销等岗位,还有由此产生的新的产业、部门和职业。如新职业有互联网运营员、数字化工程技术员、数字化管理员、无人机操作员、工业机器人操作与运维员、物联网安装调试员等。这些新产业所产生的新职业和新岗位都需要职业教育为其培养、输送合格的人才,都要求职业教育培养的人才能够对标数字经济的实际需求。

随着我国数字经济的发展，产业数字化对职业教育领域提出了新要求。数字经济以人工智能为核心（AI）带来了新一轮的产业改革，通过把大数据、互联网、云计算等技术进行融合，整合生产与管理流程，使企业组织模式更加扁平化，供应链更加透明化，产品更智能，运营更简化，交付更灵活。可以预见，未来有一部分传统职业将被新职业所取代，劳动岗位的数字技能需求将大幅提升。解决这一问题，要充分发挥职业教育的作用。当下，产业数字化转型升级的过程也是职业教育人才培养模式改革创新的过程。

但就目前而言，我国职业教育人才的培养并不能满足数字经济时代的人才需求，这需要职业教育院校在培养高素质和高技能型人才时开展数字化技能的养成教育。在数字产业化、产业数字化的新时代中，职业教育的人才培养应更加重视学生的数字能力，数字能力是当下必不可少的职业能力。例如，数字化人才需要具有数字化意识和数字化观念，熟练掌握本专业相关的软硬件、智能设备的应用和操作，掌握数字技术相关的法律法规，具有数据采集和分析的能力，能够利用媒体进行数字化营销等能力。职业教育院校应以这些技能和能力为数字人才的培养目标，让学生了解数字技术的相关概念知识和技术的应用，具有相关技术的操作和应用能力。因此，数字能力是未来职业教育人才培养的重要环节，需要职业教育人根据数字经济时代的市场需求和岗位技能要求来调整及创新教育方案，注重学生实际操作能力，培育学生创新创业能力，并结合市场需求培养复合型人才，加大数字技能人才的培训规模和力度，使学生成为数字经济时代真正所需的人才。

　　为了应对科技进步和产业变革所带来的大量新产业、新业态和新模式，实现跨越式发展，我国出台了一系列政策性文件。例如，2019年国务院发布的《国家职业教育改革实施方案》提出：完善国家职业教育制度体系；构建职业教育国家标准，启动1+X证书制度试点工作；促进产教融合校企"双元"育人，坚持知行合一、工学结合，推动校企全面加强深度合作；打造一批高水平实训基地；多措并举打造"双师型"教师队伍；建设多元办学格局，推动企业和社会力量举办高质量职业教育，做优职业教育培训评价组织；加强职业教育办学质量督导评价。此后，教育部、国家发展改革委、财政部、人力资源和社会保障部印发了《深化新时代职业教育"双师型"教师队伍建设改革实施方案》，人力资源和社会保障部以及财政部发布了《关于实施职业技能提升行动"互联网+职业技能培训计划"的通知》，教育部发布了《关于做好全国中等职业学校管理信息系统建设工作的通知》等政策文件。

　　在数字经济迅速发展的时代召唤下，在党和国家相关政策的支持下，职业教育必须进行改革，实现数字化、信息化转型。数字经济时代背景下职业教育的转型，不仅要紧跟时代步伐，更重要的是充分利用互联网新思维和新一代数字化信息技术，在学科布局、课堂教学、师资建设、教材建设、教学管理、教学评价等核心环节下功夫，这样就有了可见可感的"抓手"，以便有效推进职业教育的转型与升级。

　　基于上述，本书从不同层面予以阐述。"数字经济时代职业教育面临的机遇与挑战"旨在强调，只有充分认识这些机遇和挑战，才能顺应数字化时代的发展趋势，促进职业教育改革创新，加快转型升级。"数字全球化背景下职业教育的国际经验"研究分析了澳大利亚、德国、美国、瑞士、新加坡的职业教育模式，并在此基础上总结了这些国家的职业教育经验和启示意义，以期助力我国职业教育的国际化发展。"数字经济时代职业教育转型发展的目标"研究了以就业和市场需求为导向，通过教育培训和产教科融合直接服务于区域经济发展的问题。"职业教育生态解构与重塑"研究了新冠肺炎疫情影响下广泛开展的"停课不停学"在线教育对传统职业教育生态的影响，以及教育现代化改革发展路径。"职业教育中互联网思维的运用"研究了互联网思维在职业教育领域不同方面的运用及意义。"职业教育学科布局与知识体系变革"强调要进一步优化学科布局，加强知识体系建设，努力形成适应经济社会发展与人才需求的、特色鲜明的职业教育体系。"打造数字化'双师型'师资队伍"从教师教育思维能力、数字化能力及教师社会关系的现代化三个不同的角度进行了探讨。"职业教育技术的革新和适应"的目的是推动职业教育在新常态下进一步有所作为。"职业教育教材建设的更新与完善"旨在加强通过教材建设推进职业教育数字化、信息化进程。"职业教育教学与实践场景的转化"旨在丰富与推动职业教育教学方法的改革与创新。"职业教育教学管理模式的智慧化变革"的研究重点是职业教育教学管理新范式的构建思路。"人工智能赋能职业教育教学评价精准化变革"在已有相关研究的基础上，进一步阐述了人工智能赋能职业教育教学评价的方向和路径等。

本书立足现实，放眼未来，调研了许多职业院校和实体企业，参阅借鉴了大量中外已有的相关研究成果，在此基础上提出了自己的观点，还给出了具有实践性的具体路径，因而使本书既有文献参考价值又有现实指导意义。书中有理论，有案例，有意见和建议，可读性强；同时，避开了那些艰涩难懂的专业术语，以通俗易懂的文字呈现，以便于读者阅读。

本书适合职业教育领域研究者、职业院校师生、企业 HR 人员、政府教育部门人员以及社会上其他对职业教育教学感兴趣的人阅读，对于这部分读者来说，可以说是其绕不开的一部著作。由衷希望这部著作能给读者带来收获，不足之处尚祈指正。

张　青

2022 年 8 月

目　　录

第一章

数字经济时代职业教育面临的机遇与挑战

数字经济的蓬勃发展推动了信息技术的突破，催生了新就业形态与就业结构的升级，未来人工智能将会创造新型工作角色，而这些恰恰是数字经济给职业教育带来的机遇。但作为服务经济社会发展重要供给侧的职业教育，目前尚面临许多挑战，如职业教育数字专业人才供给不足、职业教育人才素质与就业岗位不相适应等。本章就此为题展开讨论，主要强调的是：只有充分认识数字经济时代职业教育面临的这些机遇和挑战，才能顺应数字化时代的发展趋势，促进职业教育改革创新，加快转型升级。

第一节　数字经济时代职业教育面临的机遇

职业教育是嵌入一定的社会经济结构中的，它与不同时期的增长模式和产业结构密切相关。随着新业态、新模式、新平台的蓬勃兴起，数字经济已成为经济增长的新引擎。数字信息技术的创新是数字经济的核心驱动力，其载体是互联网。在数字经济时代下，与经济、社会发展息息相关的职业教育也将面临新的历史发展机遇。

（一）数字经济的蓬勃发展与普遍共识

数字经济通过信息技术来引导经济活动并最终实现经济的高质量发展。数字经济是一个内涵较为宽泛的概念，直接或间接地利用数据引导资源并发挥作用，以推动生产力发展的经济形态，都可以纳入数字经济的范畴中。在技术领域，物联网、大数据、云计算、人工智能、区块链、5G 网络通信等新兴技术都属于数字经济；在应用领域，新制造和新零售等都是数字经济的代表。数字经济利用数字技术改善经济环境，参与经济活动，创新经济模式，以充分发挥经济动力。在这个过程中，企业、消费者和政府之间的交易迅速增长，因此，数字经济为消费者和企业带来了可以双赢的环境。

纵观全球数字经济的发展历程，大致经历了四个阶段的变化：一是要素变化阶段。在这一阶段，数据要素重构了生产要素体系，那些传统的生产要素，如土地、劳动力、资本和技术等叠加数据要素，即可以产生各式各样的新型形态。传统产业也衍生出了智慧农业和先进制造业等更加具有创造性的新经济社会形态。二是技术变化阶段。这一阶段，新一代的信息通信技术实现了群体性突破，如移动互联网、物联网、云计算、大数据、VR 虚拟现实和 AR 增强现实、人工智能、区块链、量子计算及量子通信等领域都取得了突破性的进展。同时，数字创新的各种手段深入各行各业，充分协助社会解决发展不平衡和不充分的难题。三是融合变化阶段。这一阶段，数字经济实现了技术驱动、垂直整合、融合发展、开放体系与生态系统的结合发展。从移动互联，到共享出行、自动驾驶，再到工业互联网、云经济，每个经济形态都是以技术融合经济的经典范式进行呈现。四是经济变化阶段。这一阶段，生产力和生产关系开始发生变革。前者体现在数据成为一项全新的生产要素；后者体现在新型组织模式、新型市场形态和新型治理模式三个方面的发展。可以预见，数字经济将成为继农业经济和工业经济之后的另一个大经济形态。

自全球新冠肺炎疫情暴发以来，全球各大经济体都受到了不同程度的冲击。而在这场百年不遇的公共卫生危机中，数字经济成为应对全球经济下行压力的"稳定器"。疫情防控期间，人们的办公、娱乐和购物需求迅速从线下转为线上，在线办公、在线教育、网络视频等数字化新业态、新模式蓬勃发展，大量企业利用大数据、工业互联网等加强供需精准对接、高效生产和统筹调配，数字经济在减少人员流动、降低疫情传播风险、满足人们生产生活需求、稳定经济增长等方面作出了重要贡献，成为全球经济发展的新动能。

数字经济不仅在新冠肺炎疫情中检验了韧性，更在新冠肺炎疫情中获得了蓬勃发展。从总量来看，全球数字经济持续扩张。据"2021 全球数字经济大会"主论坛上发布的《2021 全球数字经济白皮书》，2020 年全球数字经济规模达 32.6 亿美元，美国数字经济继续蝉联世界第一，规模接近 13.6 万亿美元。中国位居世界第二，规模逼近 5.4 万亿美元。德国、日本、英国分别位居第三至第五，规模分别约为 2.54 万亿、2.48 万亿和 1.79 万亿美元。[①]总体来看，当前我国数字经济发展已经处于全球领先地位。以互联网、人工智能、大数据和云计算等为代表的信息技术不断创新和加速迭代，同时驱动着传统产业加速朝着数字化、网络化和智能化方向转型升级。

从增速来看，数字经济成为支撑全球经济的重要力量。据相关机构统计，2020 年全球经济深度衰退，主要国家经济均出现负增长，47 个主要国家 GDP 平均同比名义增速为 - 2.8%。同期全球数字经济同比名义增长 3.0%，[②] 显著高于同期 GDP 增速 5.8%。

从占比来看，数字经济对全球经济的贡献持续增强。传统生产方式创造的经济价值占比逐年递减，而以数字化为代表的新生产方式创造的经济价值占 GDP 比重已到达 43.7%，较 2019 年同比提升 2.5 个百分点，在国民经济中的核心地位不断巩固，成为经济社会发展的必然趋势。

---

① 中国信通院. 2021 年全球数字经济白皮书 ［EB/OL］. （2021 - 09 - 22） ［2022 - 06 - 01］. http：//www.100ec.cn/home/detail——6601100.html.

② 福卡智库. 全球经济低谷期新亮点! 数字经济四大阶段三大特征 | 数字经济专题报告 ［EB/OL］. （2022 - 04 - 19） ［2022 - 06 - 01］. https：//zhuanlan.zhihu.com/p/501244821.

从结构来看，全球数字经济融合化趋势更加明显。以5G、半导体、集成电路、人工智能等为代表的数字产业化创新加速，工业互联网、智能制造、先进制造等成为全球产业升级、产业优势重塑的关键。据相关机构数据，2020年全球数字产业化占数字经济比重为15.6%，占GDP比重为6.8%；产业数字化占数字经济比重为84.4%，占GDP比重为36.8%；数字产业化占比下降，产业数字化占比持续提升。①

从细分产业来看，据相关机构数据，全球第三、第二、第一产业数字化发展逐次渗透，第一、第二、第三产业数字经济占比分别为8.0%、24.1%和43.9%。

新冠肺炎疫情倒逼网络零售、在线视频、在线教育等服务业数字化新模式蓬勃发展，同时也催生出无人工厂、工业机器人等制造业数字化生产新方式，全球产业数字化转型如火如荼地推进。此外，发达和高收入国家数字经济发展韧性更足，应对突发风险的能力更强。

就我国情况而言，数字经济已经成为我国经济高质量发展的新引擎，是未来发展的关键增量。

数字经济时代的来临，让我国经济迎来了新的全面发展，经济发展的新动能驱动着创新发展的时代。互联网让企业组织得到了创新，平台化和网络化是企业发展的下一个重大发展机遇。以往我国企业发展所凭借的人口红利，正在从人口数量红利向人口智慧红利加速转变。互联网促进了企业营业模式的创新，移动服务、精准营销、个性化定制和线上线下融合等服务正在刺激和创造新的消费需求，新消费需求也正在拉动社会经济发展。此外，互联网还促进了商业模式的创新，技术创新、服务创新和组织创新相互交融；需求定制、体验制造、产销一体、自适应管理等企业发展模式正在加速形成。

蓬勃发展的数字经济，正在促进我国经济绿色、低碳地发展，绿色、低

---

① 智研咨询.2020年全球三次产业数字经济占比、GDP内部结构、各洲数字产业化及产业数字化规模占数字经济比重分析［EB/OL］.（2021－11－23）［2022－06－01］. https://caifuhao.east money.com/news/20211123101052939025650.

碳在让社会经济更加高效运行的同时，促进了资源节约型社会的成型。办公、娱乐、办公出行等生活和生产活动均因互联网的发展应用变得更加低碳、环保。网络零售降低了实体店面的能源消耗，减少了场地应用，共享共通的物流系统减轻了全社会的交通压力。同时，互联网促使大数据决策、在线监测、网络制造、远程维护等新的在线化和数字化的生产方式方面，生产资料的利用更加高效和节约，产品生产过程更节能，生产排放更环保。

数字经济的发展，让我国经济发展更协调、更均衡，经济模式朝着多元驱动的方向发展。

互联网让城乡发展更平衡，互联网的应用让城乡共享了商业、医疗、娱乐、社交、就业、社保等资源，让乡镇和农村地区焕发了新生机，农民的消费需求正在加速释放。互联网也让区域发展得更加协调、均衡，区域发展的动力不断加速，业态创新和网络平台等正在成为地区发展的重要因素和发展动力。此外，互联网的发展还使人与人之间的发展更加协调、均衡，让人们有了平等发展的机会和空间，人际关系、社会背景、资金等个人发展的重要因素，正被互联网的个性创造所淡化，客观因素和特权资源等曾经阻碍个人发展空间的外在因素也正在被互联网所淡化，个人发展的潜力正在回归才华和智慧，"大众创业万众创新"的社会时代正在开启。

数字经济时代促进了我国经济开放合作发展，基于互联网平台的新分工体系正在形成，协同创新让创新更高效、更有活力。互联网平台促使产业链上下游企业的合作进一步加强，企业之间从耗能竞争向合作竞争加速转变，企业发展也愈加稳健。互联网也促进了不同行业间的跨界合作，打破了不同行业间的组织边界，淡化了行业壁垒，跨界融合正在不断塑造新的经济增长点。同时，互联网还促进了国际的开放合作，资本、技术和人才正在加速流动与融合。

蓬勃发展的数字经济，让我国经济社会进入了共建、共享的发展模式，创新资源的加速流动，有力地推动了我国经济的转型发展。社会闲置资源在互联网平台上得到了共享，资源的社会利用价值得到提高。闲置的社会资源通过互联网平台实现了人人参与、共享，这改变了人们资源独占的想法，加速了资源所有权和使用权的分离，使资源使用者不一定是资源所有者，实现了资源使用权的快速流动，社会资源得到了优化利用。

数字经济的快速发展虽然促进了我国经济的全面转型升级，造就了经济发展的新动能，呈现出绿色、共享、协调、开放和创新的经济发展特征，但我国目前仍处于发展的重要战略机遇时期，新的经济常态要求我们为经济发展找到新方向。发展数字经济能从根本上推进经济发展方式的转变，以新方式、新动力、新结构来更快速地塑造和发展中国经济，让中国经济更为强劲，并踏上另一个高速发展时期，为中国经济发展找到新方向，为实现"两个一百年"奋斗目标和中华民族伟大复兴的中国梦提供强大的经济基础保障。

大力发展数字经济已经成为世界各国的普遍共识。我国要真正实现数字经济的发展，就必须注重技术人才和技能人才的培养，这是数字经济时代的"刚需"，也是发展数字经济的关键所在。而作为嵌入数字经济中的职业教育，需要创新教学模式与方法，提高课堂教学质量，这样不仅能够促进职业教育更好地发展，而且能够助力我国数字经济做强做优做大。

（二）数字经济推动下的信息技术突破

美国复合技术联盟主席塔帕斯科特在其著作《数字经济——联网智力时代的承诺和风险》中提出，信息技术的数字革命，使数字经济成了基于人类智力联网的新经济。

数字经济与5G通信、人工智能、物联网、大数据、区块链、云计算等新技术关系密切，其中与大数据的关系最为紧密。数字经济以新一代信息为技术基础，以大数据的应用和互联为核心，让产业的各个环节融入数据资源，使产业升级为新经济形态。与其他生产要素不同的是，数据资源有着可共享、能复制、无限制增长和供给的特征，这些特征打破了增长会被有限资源制约的情况，让永续发展和不断增长有了可能的基础。这成为数字经济发展的重要资源和关键要素。

数字经济的关键要素是大数据，因此，构建数据要素市场是发挥市场在资源配置中决定性作用的必要条件，是发展数字经济的必要条件。大数据的发展将重点推动数据流通标准和数据交易体系的建设，可以使得数据共享、交易和转移等环节规范有序地进行，为构建数据要素市场、实现数据要素的自由流动和市场化提供可能，成为优化数据要素配置、发挥数据要素价值的关键影响因素。

如今大数据已进入和应用到社会经济的各个领域，传统产业和大数据的深度融合，提升了传统产业的自主创新能力和生产效率，让传统产业的生产方式和管理、营销模式得到深刻变革，驱动了传统产业的数字化转型。可以看出，大数据是经济结构优化和数字经济推动效率提升的重要抓手。另外，大数据还是数字经济的核心驱动力和核心内容，数字经济是大数据价值的全方位体现。数据在企业内容实现了高效采集和储存，数据能够作为支持性工具，帮助企业实现全业务的可控、可查和可追溯。平台的出现后，使得数据的流动和共享成为可能，人工智能等新技术的应用，大幅度提升了数据挖掘的速度、广度和深度。数据挖掘颠覆了原有的商业模式，建立了全新的商业生态环境，也成了新的发展路径。

另外，要更深层次地应用大数据资源，通过大数据分析将数据转化为可用的信息，是数据作为关键的生产要素实现价值创造的必然路径和结果。大数据是驱动数字经济创新发展的重要核心"引擎"。

现实中，数字经济推动下的信息技术突破已经在我国出现了许多成功案例。海思等企业在芯片设计、封装和测试等领域技术的进步，正在逐步改变我国"工业粮食"严重依赖进口的局面，从根本上改变我国核心关键技术长期受制于人的状况，为捍卫网络空间主权提供坚实的保障。以华为为代表的中国企业，在移动智能终端和物联网等领域，开始自主创新研发智能终端操作系统，为我国在新兴领域发展、推进智能终端操作系统自主可控探索出一条崭新的路径，奠定了经济社会领域智慧化应用基础支撑；百度、腾讯和阿里巴巴等互联网头部企业，在自主创新网络平台数据库上不断取得进展，促使数据库的功能和性能的不断升级，增强了我国互联网数据分析、挖掘和管理的能力，为我国在互联网经济时代抢占网络经济发展制高点提供了保障。

除了上述案例所反映的信息技术突破成果以外，我国数字经济领域还有其他方面的信息技术突破实践。例如，移动互联网、北斗导航、大数据、云计算和物联网等技术的集成综合创新，让智能终端上的应用具有移动、导航、储存和感知计算等各项功能，提高了应用的场景适应能力。信息技术和工业技术领域的集成创新应用，使智能工业领域得到了进一步发展，智能工业生产模式逐渐网络化、软件化和自动化，催生了个性化定制、网络制造、用户参与等新制造模式，使工业应对经济新常态的能力得到提升。信息技术和材料技术的集成创新应用，使智能材料领域得到了发展，特殊领域材料稀缺的问题得到解决；智能材料具有的数据反馈、信息感知和环境适应能力，在航空、航天、医疗、军事和建筑等领域获得了应用。信息技术的集成创新应用，还促进了医疗领域的发展，促使医疗模式进一步改革，明显提高了医院的智能诊疗水平。国内外网信企业联合创新模式，使我国可以利用大国大市场优势，促进了国际网信资源和我国市场资源的互换，为我国企业在网信科技领域实现从全球跟跑、并跑向并跑、领跑转变赢得了时间和机遇，从而有效弥补了我国在网信科技领域的环节短板，缩短了技术原始积累的时间，促进了引进、消化、吸收和再创新等。

总的来说，数字经济的发展将是促进信息技术软硬件产品产业化和大规模应用、提高关键软硬件技术创新和供应能力的重要手段。数字经济中基于技术进行的资源配置的协调和高效，构成了数字经济的本质。

（三）数字经济催生就业形态和结构升级

就业是最大的民生，数字经济对就业的冲击是近年来全球关注的热点和研究重点。每一次产业和技术革命都会对就业带来巨大冲击，部分工作岗位会被替代，但也会创造出新的、更多的就业岗位。随着我国数字经济的快速发展，我国企业的生产组织方式和人们的生活方式也发生了变化，从而催生出多种新就业形态。

新就业形态是相对于传统上需要与企业签署长期劳动合同、工作场所和时间固定的工作而言更加灵活的就业模式。新就业形态能够增加社会福利，为各参与方创造价值，为数字原住民一代所青睐，也成为越来越多企业的选择。对于参与新就业形态的劳动者来说，新就业形态创造新的就业岗位、降低了就业门槛，意味着能够更容易地找到工作，自己未被充分利用的物质资本和人力资本得到更充分的发挥；同时，更加灵活的用工方式和工作场所，让劳动者可以更自由地支配自己的时间，也减少了上下班通勤中大量的时间成本和体力成本。对于采用新就业形态的企业来说，可以增加用工的灵活性，降低办公场所的租金和用工成本，突破企业边界、更大限度地利用企业外部的人力资源，带动运营效率提高和企业成长。对于接受灵活就业生产的产品和服务的企业和广大消费者而言，由于市场上产品和服务的供给更加充足和丰富、价格更低廉，从而为其扩大了选择范围、带来了便利、减少了支出。

突如其来的新冠肺炎疫情进一步加速了新就业形态的进程，外卖骑手、网络购物、在线超市、远程办公等，都为人们创造了更多灵活就业的机会。人社部 2021 年 7 月的数据显示，我国灵活就业从业人员规模达 2 亿左右。中国人民大学劳动人事学院、人瑞人才科技集团有限公司与社会科学文献出版社于 2021 年 12 月共同发布的《中国灵活用工发展报告（2021）》蓝皮书数据显示，2020 年我国采用灵活用工的企业占比为 55.68%，比 2019 年提高约 11 个百分点。虽然灵活就业和灵活用工包括了传统就业形态，但基于数字技术的灵活就业在其中占有相当大的比重，中国劳动和社会保障科学研究院的研究估计，在 2 亿灵活就业者中大约 7800 万人是依托互联网平台的新就业形态，这种新就业形态具有容量大、门槛低、灵活性强等特征。以电子商务行业为例，商务部于 2020 年 6 月发布的《中国电子商务报告 2019》数据显示，2019 年，中国电子商务从业人员达 5125.65 万人，同比增长

8.29%。其中，电子商务直接吸纳就业和创业人数达 3115.08 万人，电子商务带动信息技术、相关服务及支撑行业从业人数达 2010.57 万人。而中国电子商会于 2020 年 9 月发布的《中国社交电商行业发展白皮书（2020）》数据显示，2020 年我国电子商务从业人员规模达到 8000 万人，其中社交电商从业人员超 4800 万人。

新就业形态是在数字技术成熟和渗透的支持下出现的。数字技术之所以能够支持新就业形态的出现，是因为数字技术提供了便捷的生产力工具、高效的连接方式和畅通的沟通渠道，从而降低了就业门槛，解决了信息不对称和高信息成本问题。

数字技术提供了便捷的生产力工具。在"摩尔定律"的推动下，笔记本电脑、手机、平板电脑的性能快速提高，成本不断降低，从而走向普通大众。这些智能终端不仅是提供日常娱乐功能的消费电子产品，而且可以作为撰写文章、编写代码、开发设计、视频拍摄制作、获取订单等生产性活动的生产力工具。这些兼具消费和生产特性的智能终端具有简单易用的特点，普通人也能够利用它们成为产品和服务的生产者。为了进一步方便普通人在互联网平台上开展社会化众包众创、社交媒体、短视频和直播、电子商务等活动，互联网平台企业还开发了易学易用的软件或工具包，极大地降低了灵活就业的参与门槛。例如，图文分享、视频拍摄 App 都提供了强大的图文、视频编辑功能，让普通人也能做出高质量的文稿和视频。以前的软件开发工作门槛高，需要经过长期培训的软件工程师来完成，但是他们缺少对应用场景的了解。现在，借助于互联网云平台提供的简单易用的开发工具包和强大的云端算力，即使软件开发零基础的人，也能够经过短期的培训掌握 App、小程序开发能力，让熟悉应用场景、有创意的人与软件开发者合二为一。

数字技术可以实现高效的数字化连接。我国数字基础设施的覆盖率处于世界领先水平，为高效的数字化连接打下了坚实基础。20 世纪 90 年代到 21 世纪的第一个十年，依靠广泛覆盖的光纤和移动通信网络，我国互联网用户数量高速增长，网络论坛、社交网络、电子商务吸引了数以亿计的用户，并产生网络写手、网店店主和客服小二等新就业岗位。4G 移动通信网络的广泛覆盖和智能终端的快速普及，又进一步实现了人与互联网的实时连接，O2O、短视频、直播、移动出行等新型商业模式不断涌现并快速铺开，随之出现了外卖骑手、网络主播、专车司机等新就业岗位。未来，无处不在的传感器可以将生产设施、零部件、人、产品、数据、服务等需要连接的万物实时连接在一起，进一步推动商业模式、就业形态的创新。

数字技术可以打造畅通的沟通交易渠道。互联网平台是信息的枢纽，商品和服务买卖双方借助泛在、实时连接的信息网络，可以及时将商品和服务的需求信息进行发布，用户通过平台提供的搜索引擎进行信息检索，平台可以利用智能化的算法对供需信息进行匹配，极大地降低了交易成本、提高了交易效率。例如，当乘客向网约车平台发送叫车需求后，平台通过 GPS 定位和移动网络采集的数据确定用户周边空驶的网约车及其位置，并通过智能算法筛选出最近的车辆并向其发出接单指令。互联网平台提供的视频会议、文档共享、协同办公等功能，能够使分布在不同场所的员工或客户之间实现高效沟通、远程协作。借助物联网和工业互联网系统，员工能够远程监测生产场景的实时状态，实现通过手机发送指令进行远程控制。

数字技术的发展推动新就业形态的不断涌现，使就业者在职业身份、雇佣关系、工作地点、工作时间等方面呈现出以下新特点。

在职业身份方面，依托互联网平台和数字技术，人们可以将自己闲置的资源在市场中进行交易，从而获得额外收入；或者充分挖掘并发挥多样化的个人能力，同时从事多份不同行业、不同类型的工作。例如，科研机构的工程师在业余时间可以采用文字、图片、视频等形式分享自己的专业知识；公司的白领精英可以分享自己的穿搭、美妆时尚心得，并获得额外的收入。灵活就业的行业范围不仅涉及电商、快递、餐饮、交通、住宿等生活性服务业，也包括教育、传媒、设计等生产性服务业；参与人员不仅包括受过高等教育、具有专业技能的作家、学者、工程师等知识分子，也包括普罗大众。可以说，只要有意愿就能一身多能、一身多职，拥有多重职业身份的"斜杠青年"成为越来越多年轻人的选择。

在雇佣关系方面,数字经济时代的共享平台、零工平台、众包平台不直接生产或向用户提供产品和服务,主要起到供需双方信息沟通、交易撮合的作用。一方面,互联网平台开展平台架构开发设计、运行维护等核心业务需要拥有自己的核心员工,与员工之间签署传统的劳动合同;另一方面,互联网平台与其供应商(如网约车司机、外卖骑手等)根据具体的业务形成临时性的劳资关系。当灵活就业者接单时,其与平台的劳资关系开始,订单任务完成后,劳资关系即告解除。从平台的角度,它是根据具体的订单需求,按需雇用劳动者;从劳动者的角度,其可以同时服务于多个平台,从传统的一对一、相对固定的劳资关系转变为一对多、即时性的劳资关系。

在工作场所方面,数字技术打破了社会化大生产条件下机器和社会分工对物理工作空间的限制,员工之间、企业员工与客户之间的面对面交流,员工与企业提供的生产设施、设备的直接接触不再必需,劳动者可以更加灵活地选择工作场所,居所、咖啡厅、户外都可以成为工作空间。新冠肺炎疫情暴发后,为了减少人与人之间不必要的接触、控制疫情蔓延,许多企业和机构采取了远程和非接触型的办公方式,视频会议、线上课程、远程办公等非接触型的工作方式快速发展,没有固定场所的"随地办公"日益普及,一些互联网公司开始允许员工选择永久性居家办公。根据世界领先的全球管理咨询公司麦肯锡的预测,未来发达经济体和新兴经济体将分别有20%～25%和约10%的劳动力长期每周远程工作3～5天,达到疫情前水平的4～5倍。

在工作时间方面,在雇佣关系不固定、职业身份多元化、工作场所灵活化的数字经济时代,人们不必接受来自企业的强制工作指令和时间安排,而是可以根据自己的爱好、习惯、身体状况、社会活动等情况安排工作时间,选择某一天是否工作、在哪个时间段工作、做哪一种工作、为哪个平台工作。劳动者工作的自主性、工作时间的自由度显著提高。

数字经济不仅催生出多种新就业形态,也推动了就业结构的改变与升级。数字经济所引发的就业结构变化,主要体现在以下三个方面。

一是数字技术发展促使劳动者就业技能结构升级。如今，数字技术不断发展，导致低技能工作更容易被取代，企业也在不断加强技术创新，目前，市场对高技能劳动者的需求明显增加。因此，数字技术进步让就业结构出现"两极化"，市场对低技能劳动者的需求逐渐减少，对高技能劳动者的需求不断增加。

二是数字经济发展促使就业结构发生改变。经济的高速发展促使产业结构和就业结构持续调整、优化，数字技术、共享经济和平台经济等新行业的发展，创造了众多新兴就业岗位，从而吸纳了大量第三产业的劳动者就业。

三是数字经济发展使得劳动者就业性别构成发生改变。据全球数据来看，女性相比男性，在教育、社会资源和就业机会等方面往往处于弱势地位，互联网和移动互联网技术的普及和进步正在缩小这种差距，这增加了女性就业机会和薪资水平。同时，互联网的发展不仅提高了女性劳动供给率，而且提高了女性自主创业率，这进一步提高了女性在就业结构中的占比。

当前，随着 5G 通信、人工智能、大数据、物联网等技术的逐渐成熟和广泛应用，3D 打印、区块链、元宇宙、量子科技等新兴技术蓄势待发，未来将会进一步催生新模式、新业态，并由此推动就业形态不断创新、就业结构不断优化。

（四）未来人工智能创造新型工作角色

人工智能（artificial intelligence，AI），是指可模仿人类智能来执行任务，并基于收集的信息对自身进行迭代式改进的系统或机器。人工智能从诞生以来，理论和技术日益成熟，应用领域也不断扩大。医生、教师和律师等这些有着较高门槛的职业，一直是人们眼中的热门职业，但是随着人工智能的发展与广泛应用，今后这些职业也可能不再是"铁饭碗"了。

美国麻省理工学院斯隆商学院管理学教席教授埃里克·布林约尔松和首席研究科学家安德鲁·麦卡菲指出："我们这个时代最重要的通用技术是人工智能。机器学习技术使机器不需要人类对所负担任务作出明确指令，有能力自主提升表现。"机器人学专家吉尔·普拉特进一步说明，通过"深度学习"，机器人能通过处理海量数据来扩展它们的能力，形成可以归纳的关联。它们解决复杂问题的能力会远超人类。当这一潜能得以实现时，这些"会思考的机器"就能从执行具体任务的生产线大批进入经济的更多领域，扮演更为多样化的角色①。

有观点认为，随着机器学习技术的发展，人工智能的应用将是无止境的，机器人正在取代人类。也有观点认为，人工智能不会取代人类，两者也并非替代关系，人类与人工智能将形成新的分工。这种分工为：人类利用人工智能优化工作、提升绩效；人工智能能够解决问题，但不会提出问题，因而自己并不能进行创新活动。在机器学习时代，最有价值的职业会是科学家、创新者、创作者和企业家等能够分析出待探索领域、待发掘机会和待解决问题的人。

事实上，人工智能的初衷并不是要取代人类，它旨在大幅增强人类的能力和贡献。这一特点成为现代企业的一项非常宝贵的资产。人工智能不会"抢饭碗"而是创造新工作。从 2020 年开始，人工智能的下沉化趋势明显，已经渗透到更多的行业，包括金融、教育、家居、零售、医疗、工业、交通、娱乐等，涵盖了我们工作与生活的方方面面，随之而来的则是许多工作职能会发生巨变。在未来的几年，组织中的许多职位都会或多或少在一定程度上要使用人工智能技术。

人工智能是当下社会发展的一个趋势。下面我们分析未来人工智能将创造的几种新型工作角色，其中有人社部发布的 56 个技能人员新职业中的部分工作岗位。

（1）人工智能工程技术人员，主要从事人工智能相关算法、深度学习等多种技术的分析、研究和开发，还要对人工智能的系统进行优化、运行维护、管理、应用和再设计等。其主要的工作职责是：分析和研究人工智能算

---

① 寇博，毕新. 人工智能：如何影响未来职业选择［EB/OL］. (2021 - 08 - 10) ［2022 - 06 - 01］. https：//wenku. baidu. com/view/14e5dcd1667d27284b73f242336c1eb91b373339. html.

法，提高人工智能深度学习能力等技术并加以实际应用；开发并应用人工智能的指令和算法；设计和开发人工智能算法的芯片；设计、部署人工智能软硬件系统。

（2）人工智能训练师，主要从事在人工智能产品实际使用时进行人机交互设计、算法参数设置、数据库管理和人工智能的性能跟踪测试。该职业包含两个工种：人工智能算法测试员和数据标注员。其主要的工作职责是：训练和测评人工智能产品的相关算法和性能；设计人工智能产品的交互流程，解决人工智能的应用方案；监控、分析并管理人工智能产品应用的数据；不断调整、优化人工智能产品的参数。

（3）智能制造工程技术人员，主要从事智能制造相关技术的开发与研究工作，对智能制造生产线进行设计、安装、调试、管理等。智能制造工程技术人员的主要工作职责是：研究、设计、开发智能制造装备、生产线；设计、开发、应用智能生产管控系统；安装、调试、部署智能制造装备、生产线；提供智能制造相关技术咨询和技术服务操作、编程、应用智能制造装备、生产线进行智能加工。

（4）服务型机器人应用技术员，主要运用服务型（包含特种机器人）机器人相关技术，负责服务型机器人在公共服务、医疗服务和家庭服务等应用场景的管理、维护和优化等工作。服务型机器人应用技术员的主要工作职责是：分析服务型机器人在公共服务、医疗服务和家庭服务等应用场景的具体需求，并提出解决方案；提供服务型机器人相关技术的咨询和服务；对服务型机器人的人机交互、环境感知和运动控制等系统进行安装与调试；负责服务型机器人应用系统的调试，排除其存在的问题；监测服务型机器人的运行效果，并对其进行分析、维护和优化。

（5）工业机器人运维员，主要从事使用相关设备对工业机器人、工作站或系统进行状态监测、数据收集、故障诊断与排除、预防性维护与保养作业等工作。工业机器人运维员的主要工作职责是：对工业机器人的相关系统进行常规检查与诊断；对工业机器人本体、周边装置和执行器等机械系统进行常规检查与诊断；依据工作手册对工业机器人、工作站或系统进行校准和日常维护保养工作；使用测量设备对工业机器人、工作站或系统工作状态、运行参数等数据进行监测等。

（6）工业视觉系统运维员，是指从事智能装备视觉系统选型、安装调试、程序编制、故障诊断与排除、日常维修与保养作业的人员。其主要工作任务是：对相机、镜头、读码器等视觉硬件进行选型、调试、维护；进行物体采像打光；进行视觉系统精度标定；进行视觉系统和第三方系统坐标系统标定；将视觉应用系统和主控工业软件集成嵌入通信；确认和抓取采像过程中物体特征；识别和分类系统运行过程中图像优劣，并判断和解决问题；设计小型样例程序，验证工艺精度；进行更换视觉硬件后的系统重置、调试和验证。

（7）智能硬件装调员，是指能够使用示波器、信号发生器及计算机或手机等工具设备，完成智能硬件模块、组件及系统的硬件装配及调试、软件代码调试及测试、系统配置及联调等智能硬件装调工作任务的技术人员。智能家居、互联智控、全屋定制，一句话打开照明设备，语音控制窗帘开合，屋内无人活动时空调自动关闭……智能硬件装调员的工作就是将硬件通过系统集成，使家居智能化，同时也使人们的生活更便利。

以上均为人社部发布的技能人员新职业。当然还有其他与人工智能相关的新职业，限于篇幅，此处不再列示。

除了人社部发布的新职业外，还有所谓的首席人工智能官、人工智能道德官、人工智能业务分析师、人工智能研究人员、人工智能机器训练师、人工智能测试员与督导员、人工智能数据工程师、人工智能质量保证经理，以及销售与市场宣传经理和创业者等新型工作角色。下面简单说说这些新型工作角色。

首席人工智能官是人工智能领导者范畴的职位。人工智能领导者有很多称谓，如人工智能和机器学习副总裁、首席创新官、首席数字官等。不管怎么称呼，这些"首席人工智能官"都必须理解认知技术如何影响企业、如何制定公司的人工智能战略，并向董事会、企业高管、员工和客户进行解释。他们与企业首席信息官（CIO）合作实施该策略，以最大限度地满足企业和所有利益相关者的需求。

人工智能道德官是人工智能领域的另一个高级职位，该职位需要与利益相关者展开广泛合作。该职位还可能涉及风险和治理，除技术团队外，该职位可能还要与政府机构、非营利组织、法律团队、用户和隐私小组进行协调。

人工智能业务分析师必须深刻了解自己所服务的公司及其业务模式和业务流程，因为他们希望为这些公司开发解决方案。他们还必须懂技术语言，从而与数据科学家和数据工程师共事。

人工智能研究人员往往是进行基础技术研究尤其是软件开发方面的专家，最有可能在机器的思考能力方面取得突破，使他们成为行业领先者。

（1）人工智能机器训练师。开发人工智能机器需要利用示例进行训练。对于生成、收集以及管理供人工智能训练所使用的相关数据，人才市场上将出现从入门到专业级别的新职业——人工智能机器训练师，从而完成这一领域所必需的机器学习任务。

（2）人工智能测试员与督导员。开发团队及各类工具方案目前正致力于建立相关技术，以便更早地发现错误、自动评估并进行代码纠正。然而，人工智能并不擅长常识性推理，而且可能仍需很长一段时间才能真正获得完成此类任务的能力。在此之前，机器仍然需要人类测试员与督导员的帮助以搞定这类工作。软件测试人员在其中扮演着关键性角色，他们需要负责建模以进行工作流测试。

（3）人工智能数据工程师。人工智能和机器学习的存亡都取决于数据，但是其所需数据的种类和规模可能与其他系统不同，因此，任何想要执行高级分析、机器学习或人工智能的组织都需要人工智能数据工程师。这个职位要具备机器学习、自然语言处理、信息检索和定量金融方面的经验，并且必须具备编程语言方面的专业知识。沟通、协作和产品开发方面的技能也很重要，特别是跨组织、跨学科工作和沟通的能力。

（4）人工智能质量保证经理。这从传统软件质量保证职位演变而来的职位，但人工智能项目的质量保证却大不相同。例如，尽管某一公司可能会为手头的项目选择错误的算法，但是代码本身很少会成为问题。不完整的、过时或有偏差的训练数据集才是更应注意的东西。

（5）销售与市场宣传经理。计算机缺乏同情心，但却拥有更强大的洞察力与预测力。因此，人工智能工具很可能最终取代某些市场宣传与销售岗位。但人工智能事实上更可能改变营销人员的工作方式，而非彻底取代他们。

（6）创业者。在人工智能技术的推动下，创业者们终于迎来了新的历史性机遇。除了创建人工智能软件与解决方案所必需的人才之外，每一次技术革命都能够为人们带来更可观的发展空间。随着人们立足底层技术发现更多前进方向并追求更高的梦想，我们将见证创业活动的又一波强劲增长。

总的来看，虽然人工智能可能让我们失去一些岗位和就业机会，但其也催生出了大量新的岗位与机会。对于人工智能和机器人的广泛应用可能引发的巨大动荡我们如何应对？毫无疑问，教育是最好的应对方式。当下高等教育的发展趋势，以专业精英为培养目标的主流教育模式，在教学和专业融合方面亟待调整，新行业的出现和传统行业的升级需要大量专业人才，这些人才不仅要有专业基础和高素质，而且要具备较强的创新能力和较多的行业知识。尤其是数字经济时代下的职业教育，必须做好这方面的准备，积极应对挑战，变革教育形态，优化育人模式，最终实现转型。

第二节　数字经济时代职业教育面临的挑战

数字经济时代下，与社会发展、社会经济息息相关的职业教育不仅面临着新的历史发展机遇，而且面临着新的挑战。职业教育是以市场需求和就业为最终导向的教育模式，具有通过教育、培训和产教科融合以直接服务区域经济发展的能力属性，在我国由工业经济社会向数字经济社会转变的过程中有着重要的意义。在我国数字经济发展过程中，职业教育领域存在着数字专业人才供给不足、人才素质与就业岗位不相适应的现象，此外，还有职业教育生态方面的挑战。

（一）职业教育数字专业人才供给的挑战

在数字经济时代，数字技术充斥着工作与生活的方方面面，从而诞生了新职业，在近两年人社部公布的 56 个新职业中，其中大多数都与数字技能有关，如人工智能训练师、智能制造工程技术人员、人工智能工程技术人员等。新职业的人才需求巨大，数字化人才已成为企业争夺的焦点。目前，市场上数字化人才非常紧缺，究其原因，除了新职业的发展时间普遍较短、数字化人才供给速度跟不上市场数字化人才需求增速之外，主要原因是数字经济有巨大的数字专业人才需求，而原来的人才供给体系难以满足这种需求，职业技能培训院校人才培养不足，因而使得人才链和产业链出现脱节。

数字化不是什么新概念，产业互联网、数字产业化、AI 产业化等趋势早已出现，只不过 2020 年突如其来的新冠肺炎疫情起到了加速的效果。此外，国家在顶层设计上同样大力支持数字经济发展，2020 年的"新基建"、2021 年的"十四五"规划纲要均有大量支持数字经济的政策，"十四五"规划纲要明确提出"加快数字化发展、建设数字中国"。

当前经济工作的重点是稳增长、稳就业，缓解 2022 年千万级毕业生的就业压力。数字化是经济增长、就业稳定的关键保障。互联网数据中心（IDC）预计到 2022 年全球 65% 的 GDP 将由数字化推动，2020～2023 年数字化转型的直接投资将超过 6.8 万亿美元。在数字化进程中，人才是第一要素。

据清华大学全球产业研究院发布的《中国企业数字化转型研究报告》显示，企业对数字化人才的需求呈现爆发式增长：在推动数字化转型过程中，多数企业选择吸引外部人才加内部调动的方式，组建复合型数字化转型工作团队，并同步推进复合型数字化人才的培养。同时，随着企业转型的推进，人才需求结构也发生了显著变化，不仅是技术部门，企业的人力、财务等传统职能部门的招聘目标也更多地瞄准拥有数字化技术相关背景的复合型人才[①]。

而中国信息通信研究院（以下简称"信通院"）发布的《数字经济就业影响研究报告》则显示，2020 年中国数字经济规模达到 39.2 万亿元，成为稳定经济增长的关键动力，由此带来数字经济就业规模的快速扩大。从总体结构上看，数字产业化就业岗位占比明显高于同期数字产业化实现的国内生产总值占比，高端就业吸纳能力强，数字产业化领域招聘岗位占总招聘数量的 32.6%，占总招聘人数比重为 24.2%。[②] 可以简单地理解成：数字经济贡献了两三成的就业岗位。

除了数字经济巨大的数字专业人才需求以外，人才供给体系不给力也是一个重要原因。绝大多数企业的数字化转型之所以失败，是因为数字化人才短缺且断层，供需严重不匹配。从人才需求侧来说，数字经济从 PC 到移动再到后移动时代，不同阶段对 IT 人才的需求迥异，不只是编程技术的变化，而是整体 IT 人才需求出现了结构性变化，例如，早期只要会编程做产品即可，移动时代对交互、云 + 端、前端等人才要求更盛，后移动时代则对运营、交互、增长等人才提出综合要求。从人才供给侧来说，原来的教育体系面向的是移动互联网经济，与数字经济时代对数字化人才的需求并不匹配，导致数字化人才供给明显不足，需求断层越来越明显。数字技能培养不同于传统技能人才培养方式，产业数字化带来的新挑战，亟须政府部门指导建立起新的人才培养体系，制定出能培育出合格的数字技能人才的培养标准。产业数字化带来的新技能、新素养、新挑战，都亟须政府部门指导建立起新的

---

① 清华大学全球产业研究院. 中国企业数字化转型研究报告 [EB/OL]. （2020 – 12 – 22）[2022 – 06 – 01]. http：//www. 100ec. cn/index/detail——6580794. html.

② 高乔. 数字经济打开就业新空间 [N]. 人民日报海外版，2021 – 11 – 19（08）.

人才培养培训体系，制定能够被社会各界认可的数字技能人才培养标准。

此外，还有数字技能教师资源紧缺、课程缺乏系统理论支撑和人才沉淀、教学设备要求高、市场信任度低等问题，这都使得许多想学习数字化技能、进入新职业的人或犹豫观望，或望而却步。

化解数字专业人才供给不足的矛盾，要靠职业教育，专业的数字化职业教育是解决数字化人才供需不匹配的关键。这里需要强调的是，要想体系性解决数字化人才供需不匹配的问题，职业教育机构需要认清以下三个问题。

一是数字化人才的技能要求很高。AI、产业互联网、新基建、自动驾驶、半导体、物联网、5G、区块链等新技术走向商用，新中产、共享经济、宅经济、直播、数字货币、元宇宙等新业态爆发，这些均对数字化人才提出全新要求。数字化人才需要有全新的技能栈，原来的人才供给体系难以满足全新的要求，新基建人才、软件开发特别是 ABC（AI、大数据和云计算）相关技术人才、无人机、电竞、元宇宙等相关新职业人才等均出现紧缺。信通院的《数字经济就业影响研究报告》显示，2020 年中国数字化人才缺口接近 1100 万，伴随着全行业的数字化推进，需要引入更广泛的数字化人才，人才需求缺口依然在持续放大[①]。

二是数字化人才就业形态变得更多样。这方面的一个突出变化是灵活用工的兴起。由于数字化技术突破了时空限制，注重强化协同、开放与平台效应，因而更适合灵活用工模式。新冠肺炎疫情之下，灵活用工变得更加普及，越来越多的灵活用工工种出现，原来的人才供给体系难以满足这样的趋势。

三是数字化人才供给不均衡。数字经济时代人才流动加速，导致数字化人才供给不均衡。数字化人才集中涌向大城市、大公司、新产业，但数字化转型却是全世界都需要的，很多地方、企业与产业更缺数字化人才，其与数字化步伐较快的地方、企业与产业间的数字化鸿沟在变大。

要解决数字化人才不均衡的问题，不仅要充分认识到上述问题，关键是建立多层次的数字化人才培养体系。在百花齐放的职业教育中，数字化人才

---

① 高乔. 数字经济打开就业新空间［N］. 人民日报海外版，2021－11－19（08）.

培养具有广阔前景，例如，打通数字化人才培养的供给侧与需求侧的通道，连接国家高端制造业、高端供应链，培养服务于生产第一线的高端数字技术人才，构建数字化人才标准研究与人才培养方法；让职业数字化教育成为一种类型教育，系统地提高数字技术人才培养的质量和规格，为支持工业数字化转型升级提供专业的数字技术人才保障等。

（二）人才素质与就业岗位适应性的挑战

人才素质与就业岗位能否适应也是数字经济时代职业教育面临的挑战。

随着社会与经济的发展，企业的产品不断升级、更新，从而需要企业不断引进新技术、新设备、新工艺和新材料，这就促使企业需要拥有大量的专业技能型人才。但目前职业院校对学生实际能力的培养与企业的实际需求存在一定的差距，很多毕业生所掌握的技能与实践经验与企业的要求不相符。另外，职业院校在人才培养方面，与社会发展和市场经济的对接程度较低，这使得无论在质量与数量上，职业院校都难以满足社会和企业所需的专业人才的需要。具体来说，职业教育人才素质与就业岗位的不相适应主要体现在以下六个方面。

（1）供需脱节。职业院校的专业设置缺乏科学合理的规划，没有根据本地区产业发展现状和企业人力资源的实际需求去对接产业设置专业、对接职业标准设置课程、对接生产过程组织教学。以前些年来说，较为热门的专业如金融、计算机等专业的毕业生数量大于社会需求，然而较为冷门的专业如新能源、环保、物联网等专业则人才短缺。

（2）供需错位。市场用工需求与职业院校专业制约存在偏差，致使部分职业院校的毕业生就业率较低。另外一小部分职业院校的教学没有职业教育的特色，教学方法、教学内容、教学思想等与社会实际需求脱节，导致毕业生就业难。

（3）供需差距。部分职业教育院校在教学上缺乏对学生职业道德的教育，导致学生责任心较差、缺乏敬业精神，无法满足企业对员工的各种规章、制度、操作规程及工作标准的要求，不能胜任本职工作。这就需要职业院校在培养学生时进行教学改革。

（4）职业院校不能与时俱进，难以适应新业态、新模式所催生的新职业需求。当前，在新一代技术革命的推动下，不断产生的新业态、新模式催生出一批新职业，为劳动就业打开了更为广阔的就业空间，与此同时，许多新兴产业也出现了巨大的人才需求缺口。在此情况下，职业院校只有与时俱进，及时调整专业设置和教学结构，才能更好地实现人才培养与社会需求的紧密衔接。

（5）企业对参与人才培养的认识不足。第一，很多企业没有通过与职业院校合作来提高企业竞争能力，这些企业认为教育和人才培养是学校单方面的任务和义务，人才只需要招聘，没有将目光放在职业院校这个人才来源地。企业只想伸手要人才，很少或根本不想参与培养自己所需的人才。第二，有些职业院校自身合作能力不强，技术服务能力较弱，产品研发能力较差，无法吸引合作企业；有些职业院校的教学模式仍停留在理论教学层面，教学缺乏系统性和完整性，对一些实际操作性强的专业缺乏针对性和实践性的教学，从而导致学生在校所学的知识和技能无法满足企业要求。

（6）校企合作缺乏良性互动，未能充分发挥校企合作、产教结合在职业教育和人才培养方面的作用。职业院校无论是教育教学还是招生就业，无论是教学科研还是生产实践，都需要与企业相互交流、相互补充，但在这方面校企双方缺乏良性互动。由于缺乏校企合作的良性互动，尽管国家出台了许多有关开展产教结合的文件，但在实际运行过程中对于责、权、利的相关规定比较模糊，企业不了解职业学校的教学内容，学校也不知道企业目前最需要什么样的人才。

要解决职业教育人才素质与就业岗位不相适应的问题，就应采取必要的对策，以促进职业教育人才培养与企业需求相适应。例如，政府引导，促进校企合作；深化基于校企合作的教学改革；提高学生们能够让企业乐于合作的职业能力和素养等。总之，好的职业教育模式应当是政府指引、企业参与、学校主导。只有政府做到公平教育，并借助企业、媒体等社会力量，职业教育才能真正做到学有所用，并最终实现转型升级。

（三）职业教育面临复杂生态环境的挑战

在数字经济时代，职业教育的发展面临着更为复杂的生态环境。首先，职业教育需要培育高素质、高技能、多层次的应用型人才，以助推"工业4.0"的实现。其次，职业教育需要解决一系列存在已久的问题，如当前职业教育水平如何满足国家对高质量职业教育的需求，职业教育如何完成应有的教育使命，职业教育如何消除社会、企业对职业教育的认知落差，职业院校如何解决师资力量不足等，这些都是当下职业教育迈向高质量发展所面临的问题。

关于职业教育数字化生态建设问题，2022年3月29日，教育部职业教育与成人教育司陈子季司长在"国家智慧教育平台"新闻发布会上，就职业教育数字化的相关问题指出，职业教育数字化的重大意义在于：一是革新传统治理模式。这样有助于职业教育加大数据分析应用的力度、深度和效度；实现个性化、精准化资源信息的智能推荐和服务；为管理人员和决策者提供及时、全面、精准的数据支持；解决好管理部门多、工作链条长、信息衰减快的问题。二是革新传统评价模式。实现学生学习行为全数据采集分析；真实地测评学习者的认知结构、能力倾向和个性特征等；构建以学习者核心素养为导向的教育测量与评价体系；实现实时采集、及时反馈、适时干预。三是革新传统学校模式。突破传统的"围墙"限制；形式更丰富、本质更自主、时间更弹性、内容更定制、方式更混合；为学生提供智能开放教学及实训环境，实现泛在学习；促进优质职业教育资源的均衡。

陈子季司长还就职业教育数字化下一步的三个主攻方向做了介绍。

第一个方向是丰富数字资源供给，完善共建共享的资源运行机制。一是提高数字资源的覆盖面，集成分类、整合优化，加快薄弱领域数字资源建设，加大职教本科和虚拟仿真资源占比。二是深化校企协同，吸纳企业技术人员参与教学资源的建设与更新，将企业优质资源和实践案例融入资源。三是健全资源质量评价机制，用数据客观评价资源质量，构建排名能上能下、平台能进能出、资源共建共享的良好格局。

第二个方向是提升指挥管理水平，实现职业教育治理体系智慧化。职业院校以信息化标杆建校为契机，建设校本数据中心，完善信息系统关键采集指标，实现对教学行为等全流程全时数据采集监测。学院行政管理层面，通过大数据和云计算等新技术，加大数据分析力度，提高数据应用的深度和效率，为教育行政管理人员和决策者提供及时、全面、精准的数据支持。

第三个方向是加快数字化转型步伐，重构职业教育新生态。一是推动评价方式改革，通过数字化手段收集分析学生的学习行为，建立起更加科学、更加多元的教学评价反馈机制。二是引领教学模式变革，变革传统教学模式，推动课程设置、教育教学、办学方式等与信息技术深度融合。三是重构职业教育生态，通过数字化引领教育理念变革、思想变革、方法变革、实践变革，用数字化思维重构职业教育生态，服务专业发展和技术技能人才培养。[①]

对职业院校而言，职业教育数字化生态建设的关键是运用数字思维，重构职业教育数字化生态。正如陈子季司长所说，要重构职业教育生态，通过数字化引领教育理念变革、思想变革、方法变革、实践变革，用数字化思维重构职业教育生态，服务专业发展和技术技能人才培养。

数字化技术作为职业教育变革的动力，将深刻改变职业教育的培养目标、育人模式和育人效果。数字化技术不仅局限于工具性的应用，而是一种整体性、系统性的变革。职业院校要借助数字化思维去系统谋划，不断提高职业教育管理、决策与评价的科学性。

---

① 单晓冰. 教育部：职业教育数字化转型主攻三个方面 [EB/OL]. (2022 - 03 - 29) [2022 - 06 - 01]. http：//bgimg. ce. cn/xwzx/gnsz/gdxw/202203/29/t20220329_37444361. shtml.

| 第二章 |

数字全球化背景下职业教育的国际经验

在数字全球化背景下，新的产业变革和科技进步加大了国际人才竞争，各国都在加紧教育领域的改革创新。就我国来说，职业教育国际化已成为必然趋势，我国职业教育应学习借鉴国外优良的办学经验，通过消化、吸收和再创新，探索出适合自身的发展模式。为此，本章深入分析了澳大利亚、德国、美国、瑞士、新加坡等国家的职业教育教学模式，并在此基础上概括总结了这些国家的职业教育经验与启示，以期助力我国职业教育的国际化发展，促进职业教育在数字全球化背景下完成转型升级，实现高质量发展。

第一节 澳大利亚职业教育国际化的经验与启示

澳大利亚的职业教育有一百多年的经验，在国际上享有一定的声誉，是其教育出口的重要内容之一。澳大利亚十分重视职业教育海外市场的开发，凭借本国职业教育的比较优势和政府的大力支持，积极推动职业教育输出，逐步形成了商贸式的特色职业教育出口战略模式，为其他国家发展职业教育提供了借鉴。本节通过对澳大利亚职业教育国际化的利益相关者进行分析，可以透视澳大利亚职业教育国际化利益相关者的角色特点，并总结提炼出澳大利亚职业教育国际化对于我国职业教育国际化进程的借鉴意义。

一、澳大利亚职业教育国际化的政策支持

澳大利亚职业教育国际化迅速发展主要得益于政府的政策支撑，进而形成了独特的职业教育出口战略模式。

1. 政府商贸式的职业教育国际化政策

澳大利亚政府确立了商贸式留学政策，鼓励职业技术教育（TAFET）学院积极开拓国际市场，以吸引更多的海外留学生。澳大利亚政府公布了对外国留学生收取全额费用的指南，《高等教育经费法》规定，所有外国留学生必须承担全部培养成本，所有高等院校均不得以低于政府确定的收费标准收取费用。在这种商贸式的政策下，为吸引海外留学生，澳大利亚的职业技术教育学院只能提高自身各方面的水平和国际化的教育质量，以占有更多的国际市场份额，从而获得经济收益。

2. 加强立法确保职业教育国际化的规范

为了规范职业教育国际服务提供者的行为，保护海外学生的利益，自20世纪90年代以来，澳大利亚政府逐步完善了海外学生服务立法。该立法框架主要有三项职能，即保护海外学生的经济利益、严格管制培训机构的注册流程和严禁学生签证滥用。该立法框架对相关规定的违背者给予严厉惩罚。澳大利亚政府于2016年4月启动了《国际教育国家战略2025》《澳大利亚全球校友参与战略》《澳大利亚国际教育2025市场开发路线图》三项重要的战略。随着澳大利亚向知识与服务经济转型，这些战略将在未来10年进一步增强其国际教育部门功能，帮助澳大利亚国际教育事业充分利用全球机会，实现持续繁荣。

3. 设立专门的职教国际化职能机构

澳大利亚教育国际发展署（以下简称"澳发署"）是在澳大利亚政府直

接领导下负责澳大利亚高等教育与职业技术教育全球推广的机构，在澳大利亚国际教育发展中发挥着重要作用。澳发署是澳大利亚外交与贸易部下设的一个独立机构，其职责是负责管理澳大利亚政府的对外援助计划，其中包括职业教育与培训的海外援助。澳大利亚教育部下设的澳大利亚国际教育司，是专门负责国际教育事宜的重要职能部门，该机构在 16 个国家的 24 个地方设有分支机构，根据其与澳大利亚贸易委员达成的协议，后者代表前者在欧洲进行宣传、营销活动。此外，澳联邦政府与州和领地政府之间已形成合作管制模式，建立了包括教育部、外交与贸易部、移民与边境保护部、澳大利亚贸易协会和旅游协会等在内的跨部门国际教育推广协调机制，由教育部牵头通过签订备忘录明确各自的职责。

二、澳大利亚职业教育国际化有多主体参与

除了澳大利亚政府外，相关机构、企业和职业教育院校等主体也在澳大利亚职业教育的国际化进程中发挥了重要作用。

澳大利亚政府认为，国际教育能否成功关键在于高质量的教育、留学生服务和奖学金等项目。因此，澳大利亚政府将职业技术教育和培训质量放在首位。澳大利亚教育部制定了"国家培训认证框架"协议，并加快了对国际化职业技术教育课程和培训项目的建设。"国家培训认证框架"明确了一系列职业教育方案，如职业技术教育机构海外注册、学分转移、培训认证等。澳大利亚政府希望通过实施这些方案，实现国家对职业技术教育质量的评估和认证。

澳大利亚国家职业教育研究中心发现，数字化在全球迅猛发展，导致就业市场发生了一系列变化。市场上的就业模式发生了快速转变，新的就业模式不断出现，为了适应这些变化，劳动者必须参加各种培训以提升自身水平；技术不断变革，导致很多技能在 10 ~ 20 年内不能一直满足企业的工作需求；仅具备熟练的技术和专业化的知识在当前的就业市场上已经远远不够

了。澳大利亚职业教育研究中心预测：将来职业教育国际化将成为必然，并希望澳大利亚能持续推进全球职业教育的发展和进步。另外，澳大利亚国家职业教育研究中心还为注册培训机构开拓海外市场，为拓展海外职业教育需求提供支持。

据统计，澳大利亚的大多数留学生来自亚洲国家，这些留学生主要来自中国、韩国和日本，而中国、新加坡和马来西亚是与澳大利亚合作项目最多的三个国家。澳大利亚所提供的良好的教育服务是吸引国际留学生的主要原因。

三、澳大利亚职业教育国际化对我国的启示

通过对澳大利亚职业教育国际化的发展情况、基本特点、参与主体进行分析，可以为我国教育国际化发展提供参考和借鉴。

1. 成为未来世界职业教育领导者的决心与勇气

澳大利亚倡导职业教育无国界，通过打造世界一流的教育、科研和培训体系，尝试为全球的学生提供最好的职业教育经验和服务，以提升澳大利亚成为未来世界职业教育领导者的决心和勇气。我国职业教育也应该有这样的想法和精神，努力在数字全球化时代树立职业教育的典范，强化中国职业教育的国际声望。

2. 密切国内外职业教育利益相关者的联系

职业教育和行业需求紧密相连是澳大利亚职业教育的一大特色。这体现在澳大利亚中央、地方政府和职业教育学院都有自己的行业咨询组织。行业咨询组织的主要作用是联系社会企业，协调政府和企业、企业和学院之间的关系，行业咨询组织还为政府和学院提供企业的需求信息，向企业宣传政府政策，向企业推荐职业学院的教育培训。

澳大利亚的国家级行业咨询组织还有技术与继续教育学院的专业设置、教材编审以及教材大纲、培训规范的制定和审批。此外，各个职业院校还设

有校企协调人员，主要负责收集产业信息，促进校企合作，联络企业参与培训。我国应该进一步完善相关政策，建立政府、企业、职业学院和社会等多方共建共享的平台机制，促进我国职业教育的高质量发展。

3. 采取职业教育"走出去"的国际化政策

澳大利亚职业教育在全球的竞争力依靠的是一流的教育服务。澳大利亚以国家品牌的名义，用严格的法律法规推进职业教育国际化规范发展，围绕留学生和企业的需求，持续拓展职业教育海外市场。我国的职业教育可以通过规划统筹，突出职业教育重点，实现整体水平推进，提高职业教育国际化水平，从而推进中国职业教育"走出去"的国际化进程。

4. 建立和发展中介机构

发展职业教育事业，离不开政府和办学实体，此外，还要积极建立和发展教育中介机构，让中介机构成为政府和办学实体之间的桥梁，在职业教育体系中发挥重要作用。中介机构既能协助政府实施方针政策，又能将各种信息反馈给政府，帮助政府进行下一步决策；中介机构可以为办学实体提供服务，也可以对办学实体进行监督和评估。澳大利亚在发展职业教育中建立了国家职业教育研究中心和行业培训咨询组织等中介机构，对国家职业教育发展有着重要作用。我国在制定相关政策时也可鼓励和支持中介机构的建立，尤其是中介评估机构和学校与产业的联络协调机构。

第二节　德国"职业教育4.0"数字化
建设的经验与启示

数字化职业教育，是从人才培养的角度出发，全方位培育人才的数字技术能力。其主要特征是突出数字技术的应用。本节通过分析德国职业教育多年的发展及"职业教育4.0"理念，总结提炼出德国职业教育数字化对于我国职业教育数字化的借鉴意义。

一、德国"职业教育4.0"数字化建设的推进策略

"工业4.0"这一概念最早来源于德国,目前各国都在关注"工业4.0"背景下的人才培养,"职业教育4.0"也从最初的教育研究文献逐渐变成德国职业教育乃至全社会的共识,并逐渐成为企业、职教学校与机构在职业教育中的实际行动。

德国采取了联邦引领、系统设计、加强培训、试点先行、注重测评等措施来推动"职业教育4.0"数字化进程。

1. 联邦引领

德国联邦职教所同德国联邦劳动署下的劳动市场与职业研究所于2014年实施了"未来的职业与劳动"第三期研究,后于2015年发布了《工业4.0及其对劳动市场与经济的影响》研究报告。2015年,德国工程院启动了"面向工业4.0的能力——人才培养需求与解决方案"实证研究。2016年初,德国金属工业工会、德国金属与电气工业雇主协会总会、德国机械及制造商协会等几家工业组织达成一致,与企业、职业学校及科研界专家共同开展研究,分析金属和电子工业与工业4.0相关的教育职业,以及进修专业面临的新要求和职业前景,同时对推进这一领域职业教育与进修提出建议。2016年6月,联邦职教所同劳动市场与职业研究所共同启动职业资格需求监测。联邦劳动与社会保障部开辟"劳动4.0"平台,吸收全社会参与有关"工业4.0"背景的劳动以及劳动市场讨论,先后发布《劳动4.0绿皮书》和《劳动4.0蓝皮书》。这些研究工作和研究成果,既为政府及经济界决策提供了参考和建议,又有效引导了社会舆论,推进社会共识的形成。2016年10月,德国联邦政府颁布了《教育行动》战略文件,将数字化教育、数字化基础设施、法律框架、教育机构发展、数字化与国际化融合发展等作为德国中长期(2030年)综合推进教育数字化的重点行动领域,明确五个行动领域的战略目标。数字化教育的总目标是,到2030年,所有学习者都有能

力应用数字媒体，能自主地、负责任地参与和分享数字化世界的发展，同时提出了数字媒体应用、数字技术能力培养、教师数字化教学能力等九个方面的具体目标。《教育行动》同时结合德国联邦体制下联邦与各州对教育工作的职责分工，提出相应举措，如"数字化公约""中小学教师教育质量行动计划""高校学术质量公约"等，引领各州与联邦协同推进教育数字化。《教育行动》为德国推进教育数字化确定了战略行动框架。[①]

2. 系统设计

德国联邦政府颁布的《教育行动》确定了推进德国教育系统创新改革的内容框架，其中包括"职业教育4.0"建设在内，目的是完善人才培养的外部条件。德国颁布的《数字化世界的教育》全面系统地提出了教学计划、课程设置、教学媒体、教学过程、教学内容、教学设施保障、学校发展、教学管理和法律框架等方面的具体要求，另外，还为"职业教育4.0"提供了具体的行动方向，突出了职业教育的特点，并提出了相应的要求和措施。

3. 加强培训

"双元制"是德国职业教育的一大特点，是一种契约式分工合作的教育模式，学生的专业理论知识和岗位技能培训不只在学校进行，也会到企业和跨企业培训中心进行。德国职业教育着眼于校企合作，对企业培训师尤其是中小型企业培训师十分重视，德国政府为提升企业内职业教育专业人才的数字技术能力提供资助，加大对培训师开展数字媒体能力培训的投入力度，将数字技术能力纳入企业职业教育的教学中。

另外，德国联邦教育与研究部为支持跨企业培训中心适应数字化教育需求，更新数字化基础设施、开发数字化教学方案、课程设计和数字化课程内容等，启动了"跨企业职业教育培训中心与能力中心数字化"项目。该项目

---

① 李文静，吴全全. 德国"职业教育4.0"数字化建设的背景与举措［J］. 比较教育研究，2021（5）：98 – 104.

使跨企业培训中心能够运用互动式平板电脑、人工智能机器人、移动智能终端设备和3D打印技术等数字媒体和设备，模拟数字化工作过程。

4. 试点先行

德国联邦教育部在2015年资助了德国联邦职教所，以启动计算机信息技术类4个教学标准的修订工作。德国联邦教研部于2016年启动了跨企业培训中心数字化资助项目，以支持跨企业培训中心适应现代数字化要求，包括更新教育设备、开发新的教学方案和课程。2016年6月，德国联邦职教所在"职业教育4.0"框架倡议范围内启动了"媒体能力作为职业教育入门条件以及综合性关键能力"研究项目，同时还启动了"相关教育职业、进修以及行业筛查"研究项目，以深入调查相关行业对职业资格的新要求和行业的劳动变化，并在此调查的基础上审核修订现有职业教育和培训课程的教学标准和内容。

德国职业教育的研究与实践丰富了"工业4.0"背景下职业教育的认识，为推动职业教育改革创新提供了可靠的智力支持。

5. 注重测评

德国职业教育还积极开拓了学生职业能力评测的方法，其方法主要有"ASCOT＋"倡议和BLok数字报告书两种。德国联邦教育与研究部开展的职业教育能力评测"ASCOT＋"倡议，是基于信息技术的职业能力和技能的测试与评价工具，能延伸到强调数字化工作职业导向的"职业教育4.0"。以模拟仿真考试和数字化媒体教学为例，"ASCOT＋"能够帮助改进职业教育的教学方法和学习过程，特别是能够更为客观地评价学生在实际操作方面的学习绩效。

BLok数字报告书即在线培训证明，始于德国"双元制"职业教育。与传统的报告相比，与职业院校合作的企业可以通过BLok数字报告书查看学生学习与培训的相关记录。BLok数字报告书中包含了学生学习的进度，该报告有高度透明的特点，能够加强校企合作。

二、德国"职业教育4.0"数字化建设的借鉴意义

德国"职业教育4.0"数字化建设所取得的成功经验，对我国职业教育数字化建设有重要的借鉴意义。具体可以借鉴以下三方面经验。

1. 借鉴顶层规划与制度设计的经验

职业教育数字化建设的目的是提升职业教育人才培养质量。国家的教育制度规划是推进职业教育数字化建设的重要支撑，2019年，德国修订《联邦德国职业教育法》《联邦德国基本法》，为职业教育数字化建设扫清了法律障碍，加大了对职业教育数字化建设方面的投入。

借鉴德国在职业教育数字化建设中的规划制度，我国应加强顶层设计，国家和地方须共同制定长期的职业教育数字化建设战略。

（1）完善数字化基础设施。目前我国职业教育院校数字化基础设施还不完善，没有完全发掘数字化在职业教育中的潜能。职业院校应增加师资力量，增设数字化教学所需的新型数字化教学设备和相关设施，如移动智能设备和人工智能机器人等。

（2）探索改革项目。硬件设施只是教学的基础条件之一，职业院校还需要将数字化真正融入职业教育的全过程。职业院校要遵循以学生为中心、能力为本位、持续提高的原则，计划并实施关于数字媒体建设、教师数字能力培训、数字化课程开发、数字化教材改革等一系列项目。

（3）保障技术创新。职业教育院校应大力发展数字领域研究，开展数字技术创新和相关科学研究，推动核心科技的突破与智能化升级迭代，打造数字化教学资源和学习工具。

2. 借鉴多主体协作参与的经验

职业教育的数字化建设需要多方参与共建，不应局限在院校、老师和学生之间，多方参与可有效加快数字化建设的进程。我国职业教育可以参考德国职业院校、企业和跨企业培训中心之间的合作经验，职业院校和行业企业

开展全过程、全方位的合作。

（1）职业院校和合作企业共建以未来数字化工作的人才职业资格与能力为需求的新专业，新专业要能适应新业态、新产业、新技术和新模式。

（2）职业院校和合作企业共建区域产业结构与数字化经济人才相结合的培养方案，制定明确的人才培养目标，将新技术、新规范、新工艺融入职业教育的教学内容。

（3）职业院校和合作企业共建与行业时间对接的课程体系，以行业企业的实际需求为出发点，以实际工作内容为导向，建立数字化媒体模拟实操工作环境的系统化课程体系，建设适应数字化需要、实际工作需要的专业课程。

（4）职业院校和合作企业共建适应行业变化的数字化教材，将数字技术和教学内容深度融合，内容要与行业需求相吻合，并能发挥数字教材在教学和学习中的作用。

（5）职业院校和合作企业共建师资队伍建设机制，开展教师数字化培训项目，更新教师的数字化教学观念，提升教师数字化教学能力和信息化意识。

（6）职业院校和合作企业共建互动合作的教学改革机制，将人工智能、大数据、区块链和物联网等技术新技术融入职业教学，通过实践的教学方法，提升学生学习的效果。

（7）职业院校和合作企业共建人才培养质量考核机制，寻找可操作的数字化教学评价方法，实现即时反馈和过程性评价，有效地让教师掌握学生学习情况。

3. 借鉴借助媒体形成职业教育学习新范式的经验

德国教育界对数字媒体可持续地融入职业教育十分关注，例如，德国开展"职业教育的数字媒体"项目，将数字媒体融入教学与课程建设，开发数字化教材、学习内容和线上课程，培养学生在数字化技能和专业领域的跨界学习，提高数字化人才质量。鉴于德国在职业教育数字媒体建设方面的经验，我国可以从以下两方面入手。

（1）从社会企业和学生本身的需求出发，建立高效且优质的数字化学习平台。在学习过程中，学生可根据自己掌握的知识调整学习进度，数字化学习平台也会在此过程中引导学生自主探索、与平台其他同学协同学习等，以此来增强学生的自主性、互动性和协作性，实现基于完整职业工作过程中的自我知识建设，让学习过程更有意义，更能提高学习效率和成绩。

（2）根据行业企业的实际工作需求，将数字媒体融入教学方法、课程和学生学习成绩考核，以此形成立体化的数字媒体学习情境，使数字化教学更生动、更实用，全方位提高学生学习效率和参与度。

第三节　美国职业教育校企合作发展
模式的经验与启示

美国职业教育起步较早、体系完备、法律保障充分，有雄厚资金支持。其办学特色主要是学校与企业紧密合作。校企合作发展模式最大的特点是能让职业院校和企业将各自的需求融入人才培养，从而在教学中让双方优势互补、协同发展。本节对美国校企合作发展模式与实践进行研究，以期提升我国职业教育人才培养的水平。

一、美国职业教育校企合作模式的特色

美国校企合作模式的特色是校企紧密合作，并注重高度市场化和制度化。

1. 校企紧密合作

美国职业教育机构为了确保毕业生能满足企业需求，实行校企合作的模式。职业院校会聘请企业的优秀员工或管理者到学校当兼职教师，还会和工

商企业界联合制订教学计划并设计课程。同时，职业院校还会派出本校教师到企业进行学习与进修，以此让教师了解和掌握本专业实际生产一线的情况，能更好地对学生进行职业教育。与职业院校合作的企业则向校方提供人才需求信息，并派遣人员到学校提供咨询等服务，派遣人员还会参与校方的教学评价和检查等活动。根据需求，合作企业也会将员工送到院校进行培训。美国企业和职业院校的另一种合作方式是直接购买培训服务。美国校企之间的合作给学生创造了理论与实际结合的学习条件，企业和职业院校确定合作项目，将学生安排在实际工作岗位上，学生一半时间在学校学习，另一半时间参与实践生产，有效地锻炼了学生的职业能力和工作岗位适应性。

以麻省理工学院为例，该校针对校企合作设立了机构，这些机构主要可以分为以下两大类。一类是创业服务机构，这些机构将教授课堂的理论知识和培养学生的实践能力放在相同的高度上，并且积极地担任企业和学校的桥梁与纽带，促进新型企业的诞生。另一类是转化校园科技机构，最主要的是技术许可部门，它以"对在麻省理工学院、林肯实验室和怀特黑得研究所的研究成果进行技术许可和商业化投资，通过这些投资促进新产品的出现和经济的发展，使大学的技术直接服务于社会"为主要任务。在技术成果转化过程中，研究人员只需提交材料，办公室人员则负责转化的具体事宜和申请专利，技术许可办公室操作规则细致规范、人员专业、职责明确，例如，技术经理一般有十几年的工业界工作经验，绝大多数有专业背景，通晓技术转化及商业化的全过程，还有一些具有法律背景，也是很好的谈判专家。技术转化机构的成立，一方面能让科研人员更专注于研究，另一方面提高了专业人员在技术转化方面的效率和成功率。[①]

2. 校企合作的高度市场化

以产业需求为导向不仅体现在为企业培养专项性人才方面，还体现在美国大学的专业设置、学科建设和产业发展的需求对接方面。新兴工程学和应

---

① 周辉，夏燕. 美国校企合作发展模式的研究与实践 [J]. 吉林省教育学院学报，2017（2）：108－110.

用科学学科的制度化是 20 世纪上半叶美国大学教育改革取得的最显著成效之一。同时，美国大部分高校都设有商业导向性课程，这些课程让学生在掌握专业知识的同时可以更好地将知识运用于实际的工业生产中。新兴学科和商业导向性课程的建立，反映并加强了高校与各类企业之间的密切联系。事实证明，创新突破的校企合作人才培养模式正是美国创新发展的关键所在。

3. 校企合作的地方化和制度化

从起源来看，美国大部分公立大学特别是社区大学的成立大多存在着由当地特定需求所决定的使命和风格，这直接导致学校的资金和生源对当地的需求和风俗产生严重的依赖性，社区大学的合作教育也大多以服务本社区经济为宗旨。为当地经济发展存在价值的企业提供专业技术人员成了早期美国大学一项基本任务，多数情况下，学校和企业的培训活动和研究工作都是一起进行的。这种地方化特色非但没有随着时代的发展而淡化，反而凭借其实用性特点逐渐实现了制度化。1994 年 5 月 4 日，时任美国总统克林顿签署了《学校至职场机会法案》，要求各州建立"学校至职场机会"体系。《学校至职场机会法案》成了美国校企合作制度化的基石。而在这之后的《职业培训合作法》赋予了企业各种职能，如咨询、导向、参与、指导等，促使企业全面参与校企合作。《职业培训合作法》的实施使政府直接参与各州的职业培训，加强了政府、高校、企业间的合作关系，推动了校企合作往更高的层次发展。

二、借鉴美国职业教育校企合作模式

借鉴美国职业教育校企的合作模式，我国职业教育校企合作可以从走进企业和走向市场两方面入手。

1. 走进企业

校企合作走进企业的目的是能够全面了解企业动向，以适应市场需求，同时，寻找地区知名企业建立校企合作基地，让学校学生能够进入企业平台。这样，企业获得了所需的人才，毕业生也获得了就业机会。美国有近千家企业和麻省理工学院通过"工业联络计划"有着不同层次的合作，相比之下，与清华大学开展合作的国内外企业只有 200 家。

2. 走向市场

走向市场可以让院校及时改进或调整课程和教材，积极做好社会高度重视、有市场前景的项目；以市场为主导，在政府支持下建立相关的组织和机构，将校企合作的人才培养模式推向制度化。

第四节　瑞士职业教育体系和人才培养结构的经验与启示

瑞士拥有最低的青年失业率，"瑞士制造"更是闻名世界。究其原因，瑞士发达的职业教育体系和出色的人才培养结构为经济可持续发展提供了有力保障，也成为世界职业教育领域争相学习的典范。本节从职业教育体系和人才培养结构两个角度来探讨瑞士职业教育的特点及其对我国的启示。

一、瑞士发达的职业教育体系

瑞士的教育体系分为初中义务教育、高中教育和大学高等教育三个教育层次。义务教育之后，教育分为职业教育和普通教育两种类型，其培养目标和方式均不同。瑞士通过教育体系结构和相关制度的科学设计，形成了一套分工明确、衔接紧密、立体沟通的教育体系。

1. 初中义务教育——瑞士教育体系的第一个教育层次

义务教育阶段以后，20% 左右的学生选择高中教育，通过高中会考后进入普通大学或应用科学大学。瑞士的普通大学包括州立大学 10 所、联邦理工学院 2 所、应用科学大学 9 所。如果从学校定位和培养目标来看，瑞士的应用技术大学也应该属于高等职业教育。特别值得注意的是，传统文理高中毕业的学生想要进入应用科学技术大学就读，必须在入学前补齐不少于 1 年的职场经历。

2. 高中教育——瑞士教育体系的第二个教育层次

在瑞士，高中教育属于中等职业教育。中等职业教育是瑞士职业教育体系的主要部分，吸纳了瑞士近七成义务教育阶段后的学生。瑞士中等职业教育的主要目标是使学生拥有社会公认的从业资格。瑞士中等职业教育分为在校全日制和学校、企业双轨制的两种职业教育模式。瑞士有八成的学生会选择双轨制教学，这在瑞士整个职业教育体系中占主导地位。参加双轨制学习的学生每周会有 3 天左右的时间在企业中实训学习，并在学习中完成一定的工作，企业也会支付学生工作津贴，其余时间学生们会在职业院校进行理论学习。

另外，瑞士还有职业准备教育，就是在义务教育结束前提供不超过 1 年的分流课程，为有需求的中学生进入职业学习做准备。瑞士这种渗透式的教育体系认为，不是每个人都需要做高级工程师，也不是每个人都能成为钟表匠，职业教育要真正做到早抓、实抓和细抓，充分挖掘学生的个人兴趣，其接下来的学习才能更加主动。

3. 大学高等教育——瑞士教育体系的第三个教育层次

瑞士的高等职业教育是由高等职业学校承担、在中等职业教育的基础上实施的。瑞士高等职业教育的目的是让学生拓展实践与理论方面的知识，并提高自身职业能力，能胜任较高级别职业领域中的工作。瑞士《联邦职业教育法》将高等职业教育定义为独立的高等教育类型，与应用科学技术大学和研究型大学并列，属于非学术领域应用导向的高等教育。瑞士的高等职业教育中，学生通过考试可以获得联邦政府认定的大学文凭，还能获得联邦政府认定的专业证书。以职业考试和高级专业考试为导向的高等职业教育阶段的职业教育，则一般以培训为主，学生学习的时间较短，其学习目标以获得任职资格和培养应用型人才为主。

灵活性和开放性是瑞士发达的职业教育体系的基础，这主要体现在职业教育和普通教育之间兼容和衔接的转换机制。在义务教育阶段后，瑞士教育分为普通教育和职业教育两大体系，并且两大教育体系通过学历和认证相互连接，学生可以根据自身的情况来灵活选择个人在教育上的发展路线。值得注意的是，在瑞士的教育体系中，职业教育占据着主导地位，职业教育分为职业准备教育、中等职业教育和高等职业教育，另外还有职业继续教育。占据瑞士职业教育主体的中等职业教育又分为全日制和双元制，双元制是瑞士整个职业教育体系中最具特色的部分，也是瑞士职业教育的一大特点。

瑞士职业教育体系的转换机制，对我国建设现代职业教育体系有着很强的借鉴意义。

二、瑞士出色的人才培养结构

瑞士的人才培养结构包括政校企行联动的职业教育办学体制、学徒制职业教育培养模式、职业教育师资队伍建设、国家层面对职业教育的重视、职业教育与培训的经费投入等方面。

在办学体制方面，通过政校企行联动的方式，构建了一套由学生、企业、学校、职业培训中心四个横向维度与联邦政府、各州政府两个纵向维度共同构成的"三元制"职业教育培训治理体系，共同推动了瑞士职业教育与培训的健康发展。

联邦层面负责职业教育的机构是教育科研与创新国务秘书处（SERI）和瑞士联邦职业教育学院（SFIVET），其主要职责是职业教育的质量保证与发展战略制定、法规制定、促进创新与支持符合公共利益的活动推广、中高职教育培训专业人员与考官培训、职业教育的科研与调查，并承担职业学校1/4的公共开支。

各州政府负责实施立法，建设和运行职业教育院校，监督和控制学生合同，并建立就业指导和咨询中心。各州政府还可向各方面条件和技术都达标的企业颁发教育许可证，以此来推广职业教育。得到许可证的企业会组成专业协会，具体负责职业教育培训，并参与编制新的职业教育与培训条例，删除过时或不适应当下的条例，以此来适应当前社会发展的需求和市场的需求。同时，企业还会通过实际工作岗位让学生得到职业锻炼。

职业学校负责学徒中高职理论教育和相关服务。民营企业包括商会等行业组织和承担学徒培养的企业，其中行业组织负责确定培训内容、确立全国考核程序、组织行业课程、管理中高职教育培训资金，企业负责提供学徒实习机会、传授专业技能。

瑞士学徒制运行流程如下：企业在州立职业专业教育培训办公室统筹下，获得招收学徒许可资格，提供学徒岗位；初中毕业生选择学徒岗位；州立职业专业教育培训办公室为学徒指定职业学校，并且确认学徒与企业之间的合同。学生是先成为学徒，后成为学生。职业学校提供职业相关的基础理论课程，学徒每周 1~2 天在职业学校学习，3~4 天在企业实习。也可以根据岗位特点，采用在职业学校集中学习和企业集中实习交替进行的方式，如图恩酒店管理学校采用的教学安排。

瑞士在职业教育师资队伍建设方面一个重要的成功经验在于重视职业教育师资队伍建设，职业学校教师具有较高的实践应用能力，师资队伍来自生产一线、面向应用的特征十分突出。瑞士制定了严格的教师准入制度，规定职业教育的师资要由以下三类组成：一是大学培养的通识教育教师，由其讲授基础课程和通识课程；二是从高职或大学毕业的专业课教师，他们在校内或者行会培训中心教授专业知识；三是企业中指导学生实地操作实践的师傅，也就是俗称的"实训教师"。同时，这三类教师必须接受由 SFIVET 组织的教育培训，并完成规定的学时才能任教，专业课教师和实训课教师需要有至少 2 年的从业经历。为了加强职业教育师资队伍建设，瑞士还制定了完善的教师培训进修管理制度。SFIVET 组织的教育培训不仅针对职业学校的教师，同时也面向企业的培训师、职业会考教师等，提供的课程不仅包括资格课程，而且包括进修课程，从而确保了与职业教育相关的各类教学人员有学习职业教育教学理论的机会，提升了教学人员的教学能力。

不夸张地说，瑞士是一个以职业教育体系立国的国家，瑞士政府对职业教育体系的发展极为重视。联邦政府除了在经济和科技等领域投入大量精力外，始终将人力资源的开发和管理作为瑞士的立国之本，将教育和科技两方面放在首要发展的位置。由于瑞士政府的重视，瑞士职业教育和职业培训能够有效发力，这让瑞士在欧洲有着最低的失业率，也让瑞士的企业管理和产品创新有着极高的保障。

瑞士联邦政府、州政府、行业协会和社会企业共同承担了瑞士职业教育和培训方面的经费投入。行业协会和企业承担了六成的资金投入，其余由联邦政府和各州政府的公共经费承担。政府的公共经费主要用于职业院校和职业指导中心的正常运行以及职业资格认证等，行业协会和社会企业的资金主要用于学生在企业岗位工作和在培训中心的学习。

三、瑞士职业教育的借鉴与思考

瑞士发达的职业教育体系和出色的人才培养结构给了我们很多启示和可以借鉴的成功经验。我国职业教育要实现转型升级，获得高质量发展，可以借鉴瑞士的经验。

1. 做好职业教育体系顶层设计工作

为了做好职业教育体系顶层设计工作，在借鉴瑞士经验的基础上要重点把握两点：一是深入构建现代职业教育体系；二是加强法律保障体系建设。

瑞士拥有一套完备的职业考试和资格认证制度，而且中等、高等和继续职业教育以及劳动力市场之间可以通过各种资格证书和学历文凭进行相互联结。这样的教育体系，既满足了人们提升自身能力和学历的需要，也符合现代社会经济高速发展、科学技术日新月异、产业结构快速变化的要求。我国在建立多级多维立体沟通的教育体系方面虽然已经做出积极努力并取得有效进步，但就整个中、高等教育体系而言，改革还应加大力度、成体系地推进。各级各类教育之间沟通衔接还不完善，通道过窄，政策障碍多，导致道路不畅。如高职学生升入全日制普通本科没有建立学分累积制度，仍然使用行政手段下指标方式，造成升学率低；为了规范，规定一所职业院校的一个专业只能对应一所本科学校，学生没有择校权等。

瑞士通过完善的职业教育法律法规体系，明确了联邦、州、行业和企业在职业教育体系中的责权利，为职业教育营造了良好的发展环境，把利益相关方吸引到自愿参与职教决策的过程中来，实现了职业由政府和学校为主的管理模式向职业教育利益相关方共同参与式治理模式。我国应该围绕现代职业体系建设中的中高职衔接、职业教育与普通教育互通、办学经费投入、校企合作、人才培养标准等现代职业教育的发展问题，加快《职业教育法》等法律法规以及相关政策的修订与完善，在全面深化依法治国进程中加快建设政校行企在职业教育层面的利益共同体。

2. 大力推进校企合作、产教融合

瑞士在定位职业教育政策时强调"教育政策就是经济政策，经济政策就是教育政策"。以法治为基础，突破单一部门局限，统筹社会资源，是瑞士制定科学合理、切实有效的职业教育政策的重要前提。

瑞士职业教育体系的成功经验值得我国借鉴，能进一步发挥行业和企业在人才培养中的作用。在制度设计上，应该明确行业、企业参与职业教育的职责、权利，制定促进校企合作办学有关法规和激励政策，以政府购买服务方式支持行业和企业参与职业教育。在管理机制上，主动引入行业企业参与职业教育发展规划、专业设置、人才培养标准制定。在人才培养过程中，积极推进利用好企业资源和行业的指导作用，实现产业和专业的对接，职业标准和专业课程内容的对接，生产过程和学习过程的对接，职业资格证书和学历证书的对接。

3. 做好现代学徒制试点工作

在职业教育中借鉴并实行瑞士的学徒制，能够促进行业、企业参与职业教育人才培养的过程，是职业教育主动服务当前社会经济发展需求、推动职业教育和劳动就业体系互动发展、打通和拓展高技术人才培养的通道、推进我国职业教育体系现代化建设的战略选择。我国教育部颁发的《关于开展现代学徒制试点工作的意见》提出，把握试点工作的内涵，即积极推进招生与招工一体化；深化工学结合人才培养模式改革；加强专兼结合师资队伍建设；形成与现代学徒制相适应的教学管理与运行机制。该文件可以作为现代学徒制试点工作的指导性文件。

从瑞士实施学徒制培养过程看，学徒制起点应该立足企业的需求，实施招生与招工一体化，让企业参与研制人才培养方案、设计实施教学、组织考核评价等人才培养的各个环节，由学校教师和企业师傅双导师共同完成教学任务，真正实施双主体育人机制和人才培养成本分担机制。同时，可以借鉴瑞士的行业课程教学模式，建设一批公共实训基地，开展专业基础技能培训，减少办学投入。在学徒制试点过程中，要特别学习瑞士按市场规律办事的原则，学徒制才可能有持续发展的动力。

4. 高职教育要注重提升社会服务能力

近年来，瑞士的竞争力和创新力连续排名全球第一，占其高等教育半壁江山的高等职业教育和应用科学大学做出了重要贡献。瑞士西北应用科学与艺术大学经济管理学院、工程技术学院和伯尔尼应用科学大学农林食品学院均把应用型科研和社会咨询作为学院发展的主要任务，并列入对专业教师的考核。

目前，随着我国深入实施创新驱动发展战略，加快转方式、调结构、促升级，高职教育的社会服务能力特别是创新能力被提到了新的高度。我国高职教育要坚持把应用型科研作为科研能力的发展方向，把科研咨询作为社会服务的重要分支，向行业企业开放实验实训场地。在人才培养模式改革中，应系统设计课程体系，推广项目教学，实现基于生产工艺改进的新技术、新材料、新工艺、新装备应用，实现促进师资素质与技术创新、技术引进、技术改造同步提高，实现新技术产业化与新技术应用人才储备同步。

5. 让全社会认同职业教育的价值

职业教育体系的发展，关系着我国经济转型升级和长远竞争力的提升，也关系着我国亿万劳动者的就业问题，这既是教育问题，更是重大民生问题和经济问题。只有全社会真正认同职业教育的价值所在，才能让职业教育走出校门、引入社会资源，让职业教育成为国家竞争力和创新力的重要引擎。

"职业不分高低贵贱"是瑞士人的普遍认同，瑞士75%的企业主是学徒出身，从事技术工作的人有较高的经济收入和较高的社会地位，70%以上的学生选择职业教育证明了社会对职业教育的认可。目前，我国职业教育被赋予了更加重要的职责与使命，国家把加快发展现代职业教育摆在更加突出的位置，加大了职业教育的投入，但还是应该对高等职业教育与学术型高等教育等值匹配、职业教育贯通培养的顶层设计，到具体学徒权益保证、行业参与职业教育的职责定位等具体问题进行进一步研究和探索，以营造出全社会重视职业教育、学生愿意选择职业教育、经济社会发展依靠职业教育的良好氛围。只有这样，才能促进职业教育的转型升级。

6. 职业院校应建立现代高校治理体系

瑞士高级职业证书教育和应用科学大学之间也相差甚远，前者是培训、考证教育，后者是全日制本科教育。我国在现代高校治理体系的构建过程中，应更多地学习瑞士高等职业教育办学中的理念开放、校企双轨、产教融合、适应市场、灵活机动等特点，推进去行政化和取消编制等改革，既保持学校公益事业的特征，又按照市场规律办学。瑞士的实践经验告诉我们，只有完善学校内部的管理体制机制，才能充分发挥学校办学主体地位，从而推动高职教育内涵建设和特色发展。

第五节　新加坡职业教育三大模式的经验与启示

新加坡职业教育主要包括"教学工厂"模式、"双师型"师资队伍建设模式以及"无界化"管理模式三大模式，新加坡职业教育之所以领先于世，与这独具特色的三大模式是分不开的。本节简要介绍了新加坡职业教育的三大模式，并分析了新加坡职业教育对我国的启示意义。

一、新加坡职业教育三大模式简介

"教学工厂"模式是新加坡职业教育三大模式中非常重要的模式。"教学工厂"模式并非传统意义上的实地在工厂内实习，而是把教学和生产紧密地结合起来，为学生们创造一个真实的"工厂"环境，让学生通过参与真实岗位的工作内容，掌握扎实的专业知识并提高动手能力。企业为学校提供研发资金、设备和实习工作岗位，让学校研发和培养人才；而学校为企业提供专业人才，并解决技术问题和设计开发新产品，从而实现"校企双赢"。

"双师型"师资队伍建设模式也是新加坡先进的职业教育模式，新加坡注重教师综合素质的提升，打造"双师型"师资队伍。所谓"双师"，即职业院校从企业中物色教学人选，他们在校时教学，在企业时解难，具有双重身份，故称"双师"。事实上，新加坡职教体系非常重视教师的企业工作经验，大多数职业院校内80%的教师都曾是企业的经理或业务骨干，由于教师全都来自企业并且具有一定年限的工作经验，因而对企业工作流程和项目研发非常熟悉，学生在课内得到的知识不仅是悬在空中楼阁的理论，更多的是最新的市场动态与行业分析。

新加坡职业教育还创新推出"无界化"管理模式，学校各个学科之间通过共同协作、共同研究来联合承担各类大型项目，教师们也不固定于哪个系，而是由学校统一协调管理；建立局域网平台将全校师生参与项目的成功经验和方案汇总起来，以便全校师生分享、学习，通过不同学科的边缘交叉培养出现代社会最需要的综合型人才。

二、新加坡职业教育对我国的启示意义

新加坡职业教育独具特色的"教学工厂""双师型"教师和"无界化"

管理模式三大先进教育模式，对我国具有重要的启示意义，"教学工厂"是新加坡南洋理工学院在广泛借鉴发达国家职业教育经验的基础上，结合新加坡国情所创造的一种独特的教学模式。"教学工厂"模式是一条经该校多年实践探索，被证明是行之有效、能较好地实现结合实际项目开展教学和提高教师学生实践工作能力的教学模式。目前，我们国家的职业教育进入了一个新的发展高峰期，结合新加坡的职业教育，本书认为，我们国家的职业教育还应在以下三个方面继续加强或改进。

一是借鉴"教学工厂"理念，建设实训基地。培养高质量技能型人才的关键是加强教学中的实践环节，让学生强化职业技能。因此，技术院校应引入企业的经营管理模式、生产技术、生产流水线和生产工艺等，加强技能实训基地建设，让教学和生产、科研、经营过程结合，这样教学环境更逼真，学习过程更生动。通过"教学工厂"的方式让知识理论与实践结合，能有效地促进学生对企业生产、经营环境的了解，方便学生将所学技能更快地融入企业的生产经营。

提高技能型人才培养质量的关键环节是加强实践教学，强化学生职业技能的训练。因此，需要将企业的生产工艺、生产技术、生产流水线、经营管理模式引入校园，加强实训基地建设，使教学过程和生产、科研、经营过程融合在一起，这样可以让教师教授得更逼真，学生学得更真切。通过这种方式加快理论与实践的结合，可以有效地促进学生对企业真实环境的了解，以便今后所学技能能够更快地融入企业的生产经营中去，得到企业的肯定。

二是有效运作"教学工厂"，提高师资队伍的素质。提高职业院校的教学水平，离不开高质量、高水平和高素质的教师团队，但目前我国职业院校"双师型"教师的比例较低，不能满足社会和经济发展对职业教育的要求。因此，职业院校应积极创造条件，有计划、有目的、按步骤，分期、分批地将院校教师安排到一线挂职或进行实践，亲自参与企业的专业技术工作，参与或承接企业的工作或科研项目。这样，不但能让教师了解市场上最新的专业知识，而且还能了解企业生产质量控制过程和管理规范，让教师队伍的实践能力与知识得到增强。

三是使"教学工厂"切实可行，量身定制课程体系与内容。职业教育中的课程体系与内容的关系，一要务实；二要创新。因此，我国职业院校在建设专业时要结合现实社会的实际需要开发新课程。而在新课程开发中，需要教师深入行业企业进行大量的市场调查，了解企业各岗位的能力要求，收集与学生就业工作岗位相关的资料用于开发课程；也可以聘请企业中具有较高文化理论水平和操作技能的技术人员或管理者牵头进行课程开发，确保开发的教材更加适应能力标准的需要。在新课程开发时，可以通过成立课程开发小组来保证新课程的水平，聘任既有丰富的教学经验又有实践经验和能力的教师或企业人员为课程开发组长，吸收任课教师以及企业技术人员参与课程开发。这样，既能保证所开发的课程结构设计、课程内容顺序编排上符合教学规律、符合学生的认知规律，又能保证课程内容符合用人单位对学生专业知识与技能水平的要求。在课程教学中，教师教学活动的实施重点在于对学生能力的培养，要体现职业岗位特色的鲜明性。可以像南洋理工学院那样，在学生入学的第一学期就安排学生进行项目开发，直至三年级开发综合性项目、企业项目，将项目教学贯穿始终。这样，不仅可以锻炼学生的研究能力，而且可以在学生知识、技能、态度的培养上更加符合行业及企业的需要。[①]

新加坡的职业教育能够在世界上处于领先地位，与职教师资是真正意义上的"双师型"人才密不可分。新加坡在"双师"培养中做到了政府鼓励、地位保证、终身培训、更新能力、校企互通、流动无阻、广纳人才、弥补不足。建设"双师型"教师是职业院校师资队伍建设的重要抓手，也是职业院校教师专业化发展的基本目标。新加坡职教师资培养对我国"双师型"教师培养具有借鉴与启示意义。

首先，教师是提升教育质量的关键，是"谁来教"的基础。面对新时代的新一代教学对象，教学环境的智能化、立体化变革，教学内容的跨专业、重能力变化，都需要职业院校进一步提高教师的"技术准备"，培养数字观

---

① 赵子湘. 新加坡"教学工厂"模式的分析及借鉴［J］. 课程教育研究，2013（26）：250.

念、数字意识，提高数字技术综合应用能力，构建掌握数字化技术的专兼结合、结构合理的高水平"双师型"教师队伍。

其次，从中国的大环境看，从企业进入学校的渠道还不太流畅；从个人来看，学校教师对于学历要求较高，企业人员一般较难达到。此外，高职教师也需要花费大量的时间精力在科研项目上，这对于企业人员而言相对困难。因此，中国在落实"双师制"时，应采取专业教师到企业顶岗工作的方式，特别是对操作技能要求较高的专业，如汽车维修、芯片组装、软件开发等课程的教师，规定1年内至少在企业不间断连续定点学习工作2个月，以提高专业技能，更好地为教学服务。

新加坡南洋理工学院有着独特的组织管理理念——"无界化"管理模式。南洋理工学院认为现实中的问题是不分界限的，问题不会区分学科之间的界限或工程之间的界限。南阳理工学院通过倡导合作的校园文化，打破学院内系别、部门和教师之间的壁垒，强化学院之间的团队精神，促进不同系别之间的项目合作以及学科之间的活动交流，以此实现人才、技术和学科之间的无界化。

在"无界化"管理模式中，教师可以将自己的教学方案、课件等教学资源上传到学院的教学网络平台，也可以将自己研发的项目核心技术、遇到的问题和解决方案等上传到学院平台，与其他教师和学生分享，构建"无界化"的经验积累和分享资源平台。

"无界化"管理模式已经成为新加坡职业教育界的一种校园文化和教职员工共同的价值追求。我国职业院校的使命是培养面向企业生产、建设、管理和服务一线的技术技能人才，为企业提供技术服务和在职培训，服务产业的转型升级。这样的使命决定了职业院校的文化建设需要与企业文化接轨。新加坡南洋理工学院在一定程度上借鉴企业内部文化，为我国建立职业院校特色校园文化提供了一定的思路。我国职业院校应借助校企合作平台，适度引入现代企业文化的核心理念和精髓，促使企业文化在职业院校中能够内化和发展，进一步促进校企深度融合。

第三章

数字经济时代职业教育转型发展的目标

随着时代的发展，数字经济正逐渐成为我国经济发展、增长的新生动力，对社会产业结构、经济生产方式和劳动力素质要求有着深远影响。如何根据数字经济时代的要求来调整职业教育的办学模式和人才培养结构，是目前我国亟待解决的问题。职业教育的模式是以市场需求和就业为最终导向的，有着通过职业教育和产教科融合直接服务社会经济发展的能力属性。为此，本章讨论了职业教育应充分利用"数字红利"提升新时代职业教育现代化水平、牢牢把握职业教育作为类型教育的鲜明特色、让职业教育供给与经济社会发展需求能够高度匹配等议题，以期助力实现数字经济时代职业教育转型发展的目标。

第一节　提升新时代职业教育现代化水平

移动互联网、人工智能等数字技术的普及，不仅影响着人们的生活，也改变了社会各行各业的生产方式，提升了企事业单位的生产效率。职业教育应充分利用数字时代的技术"红利"，通过技术手段提升新时代职业教育现代化水平。

一、数字技术赋能教学和管理

数字经济新时代，要充分发挥职业教育在我国现代化建设中应有的作用，要充分利用数字技术提升职业教育教学服务能力和管理评价水平。

在教学服务方面，人工智能、VR/AR/MR、3D虚拟仿真等数字信息技术的应用能够帮助职业学校实现互动式教学场景，改善学生学习方式和实训环境，增强学生对于专业知识技能的认识和掌握程度。

例如，某技师学院建筑专业的MR交互教学中心，能通过混合现实MR技术将3D虚拟仿真教学内容与老师上课实时空间画面混合，使学生通过立体眼镜沉浸到老师实时操作虚拟仿真教学场景中，"拥有"跟老师一样的空间立体想象能力与逻辑思维能力，不仅帮助学生更快地学会了老师讲授的专业技术知识，更重要的是提高了学生的学习兴趣和对专业的热爱。沉浸式MR教学系统解决了课堂专业技术知识传递效率低的问题，立体沉浸、身临其境的深度学习，从课前备课到课中指导和课后评估，全流程通过信息技术帮助学生、教师双向提升。

在管理评价方面，通过"互联网＋"和大数据的落地应用，能让职业院校精准识别学生的学习成果反馈，也能直接了解用人单位的用人需求，让职业院校可有针对性地开展定向技能培育模式，构建对接需求的人才培养体系，保障院校的教学能直接满足用人单位的实际技能需求，减少重复低效或过时的理论课程内容，让教学效率得到提升。

例如，某职业教育学院启动三方产学合作计划，协助建立校内人工智能相关课程、人才培训和实习机制，让学生从入学开始就不断提升其未来职场所需的关键竞争力，所学即所需，实现学生、学校、企业三赢。

二、数字技术赋能职业教育降本增效

传统职业教育的实训往往需要耗费大量人力、物力和资金，很多职业院校在人力、财力和物力都有限的情况下，通常只选择"重理论、轻实践"的教学方法，将学生需要在学校中完成的实训课程缩减，让学生到企业中实习以完成此阶段的学习。这种情况并不利于学生掌握实操技能，也违背了职业教育培养人才的规律。但如今情况发生了改变，数字技术得到普及，利用数字技术教学，既能让学校减少学生实训所产生的成本，也能保障学生有效掌握实训课程中应学到的技能。数字化的虚拟实验室能模拟真实的生产操作环境，学生通过模拟环境即可完成实训教学所需掌握的操作和实验，这弥补了一些职业院校在实训方面资源不足的情况。

例如，华东理工大学"智能数字化虚拟工厂自动化综合实验平台"集自动化技术、计算机技术、网络通信技术、先进制造技术于一体，是多专业知识与技术的集成自动化实验平台。该综合实验平台每年可以为自动化专业、仪表专业的学生提供过程控制、控制原理、集散控制系统、现场总线以及仪器仪表及控制装置等实验；同时可以为大学生课外创新实践（USRP）、短学期等提供创新实验平台；也可以为化学工程、化工装备、自动化、仪表、电气等专业提供实习、实训和实践的平台；还可以为卓越工程师提供培训平台，给学校带来可观的经济效益和社会效益。

三、跟随数字经济发展，培养职教学生能力

数字经济的高速繁荣发展，不仅为我国的产业带来了变革，而且诞生了很多前沿领域和交叉领域的就业岗位。与传统行业不同的是，未来有一部分数字产业的细分领域或将不再适用规模经济的生产方式，这些细分领域有可能会成为个性化和精细化的生产模式，其生产组织单元会以中小微企业为主要形式，这些产业需要的劳动者是高素质、高技能的复合型人才，需要具备信息技术、专业技术、创新能力和综合应变素质等。

我国职业教育应该跟随数字经济发展，抓住发展大潮所带来的新机遇，利用职业院校理论与实践相结合的人才培养优势，加大力度建设产业孵化基

地、产业园区等，鼓励师生参与并开展科研探索，将院校自主研究成果转化落地，以创新创业带动就业来实现"产学研用"相结合。

第二节　职业教育类型特色鲜明

职业教育是与基础教育、高等教育和成人教育并行的四种教育类型之一，作为一种类型教育，职业教育与基础教育、高等教育和成人教育一样都具有鲜明的类型特色。国务院于 2019 年 2 月印发的《国家职业教育改革实施方案》（也被称为《职教 20 条》）开篇中说的"职业教育是国民教育的重要组成部分，是一种教育类型"，就是关于职业教育定位的重要阐述。另外，中共中央办公厅、国务院办公厅于 2021 年 10 月印发的《关于推动现代职业教育高质量发展的意见》把类型定位作为谋划职业教育工作的逻辑起点，予以巩固和优化，即通过推动不同层次职业教育纵向贯通，促进不同类型教育横向融通，健全职普并行、纵向贯通、横向融通的培养体系，强化职业教育的类型特色。职业教育作为类型教育的定位，既凸显了发展职业教育的重大意义，也指明了职业教育的发展方向。

根据"职业教育是类型教育"这一定位，本节从职业教育的目标、性质、体系、路径、功能等方面诠释职业教育作为类型教育的基本特征。在数字经济时代，要发展高质量的职业教育来满足技能型社会建设需求，就需要抓牢职业教育作为类型教育的特征。

一、职教目标：培养技术型和技能型人才

我国职业教育的目标主要反映在法律和政策两个方面。在法律方面，2022 年 4 月 20 日第十三届全国人民代表大会常务委员会第三十四次会议通过修订，自 2022 年 5 月 1 日起施行的《中华人民共和国职业教育法》规定

"实施职业教育必须贯彻国家教育方针"，表明国家把教育方针政策放在了第一位，要做到绝对执行；"对受教育者进行思想政治教育和职业道德教育"，明确了教育内容及思想政治教育方向；"职业教育结果指向受教育者的职业技能要求、职业道德、职业指导和全面素质的提升"，确定了职业教育的最终目标——使受教育者得到更好的思想政治教育及职业道德教育。

至于政策方面，不同时代背景下，职业教育在国家政策层面有不同的反映。早期的高等职业教育人才培养目标有高技能人才，高素质高技能专门人才，高等技术应用型专门人才，高端技能型人才和发展型、复合型、新型的技术技能人才等。不论哪种职教目标都是指向技术或技能人才培养，均要满足社会对人才的需求。中等职业教育的目标则是培育一线的服务、生产技能型人才。总之，培养技术技能人才是职业教育的基本目标，只不过高等职业教育和中等职业教育有一定的层次区分。

职业教育旨在培养专业技能人才和高素质劳动者，这一明确的目标，避免了教育领域的同质化，具有职业教育的独特性。如果人才培养目标出现了同质化，那么职业教育则无法在整个教育领域里成为一个独立的类型。作为类型教育的职业教育，重点培育的目标是技能型人才和技术型人才。技能型人才的培养目标是注重实际操作技能，而技术型人才更注重理论类和智力技能。高等职业教育主要针对技术型人才作为培养目标，中等职业教育主要针对技能型人才作为培养目标。

职业教育人才目标的独特性，主要体现在教育体系的层次性、人才培养的复合型和培养过程的动态性三个方面。层次性指的是职业教育从层次上划分为初、中、高三等。职业教育的层次性不仅要根据学历学位进行区分，还要考虑到各层次职业教育培养人才所具备的职业能力的高低。复合型指的是具有两个或两个以上专业知识和能力的人才。高等职业教育的目标尤其指向培养复合型人才。动态性强调的是，在对职业教育专业人才培养的过程中，务必要做到准确无误的对接，具体包括职业与专业相对接、职业标准与课程内容要相对接、生产要求要与教学内容相对接、职业资格证书与毕业证书相对接、终身教育职业与教育相对接。只有培养过程与培养结果相符合，才能使职业教育达到对专业人才最有效的培养。

随着技术的更新迭代，工作岗位的能力要求不断发生变化，职业教育人才培养要跟随技术的进步而变化，因此，职业教育目标定位是随着时代需求而动态变化的。

二、性质特征：兼具教育属性和职业属性

职业教育有着教育属性和职业属性兼顾的特征，具有跨界性质。因为具有跨界性质，所以职业教育才能不被传统的教学模式束缚，实现院校、企业和其他社会主体的多元办学形式，才能突破传统教学模式，实现职业教育和培训结合的教育方式。

职业教育的跨界，指的是从教育属性跨界到职业属性。职业教育的目的是使受教育者获取职业知识、技能及职业道德，而培养技术技能型人才也成为整个职业教育体系中最核心、最稳定、最突出的性质，其属性特征包括教育性、人文性、职业性和实践性。其中，教育性反映的是职业教育要符合人才培养的要求，学生通过学习获得系统的专业知识；人文性反映的是职业教育要培养全面发展、和谐发展、有人文关怀、职业道德高尚的职业人；职业性反映的是职业教育要培养职业岗位人才，其培养内容具有很强的职业性；实践性反映的是职业教育要培养应用型人才，侧重于实践能力的培养，在教学过程突出实践性。

这四种特征围绕着职业知识、道德、岗位和职业培养进行，可以看出，职业教育不仅具有教育属性，还具有职业属性。职业教育的内容决定了其必须进行"知识与技能"的跨界，按技术领域和岗位设置专业，从社会发展和个人发展的双重角度出发，与社会、行业、企业进行跨界融合，直接面向经营、服务、管理和生产等工作岗位，并根据岗位需求对学生开展教育和培训，为社会和企业培养人才。

职业学校的生存之道是培养多样性的人才，因而职业教育在选择教育对象时，不能仅以智力或学习成绩为标准选择教育对象，其跨界性也决定了选拔标准的多样性，也就是要根据市场的需求进行选择，即根据企业对人才的多种需求来选择和培养教育对象。这对职业院校开设新专业、增加各类生源、拓展服务范围、提高规模效应和打造自身特色来说具有积极的意义。与此同时，在整个教育对象中，每个人的特质都是不同的，而不同岗位也需要不同特质的人才，职业院校应因材施教，为不同的学生提供适合自身的教育。这也说明职业教育有着丰富的生源渠道。在高职扩招的背景下，学生来自五湖四海，教育对象具有多样性的特点，因此，职业教育需要在更加公平、开放的维度上，为更多潜在的受教育者提供高质量的服务。

职业教育的跨界性质决定了职业教育必须与企业合作，共同开发人力资源。事实上，职业教育和培训是一种终身性的教育，仅靠职业院校无法培养社会所需人才，因此，学校应该积极与企业合作，提高人力资源水平。尤其是对于在职或职后学习的人员，企业如果能够加大人力资源投资，则可以更加有效地激发人的潜能、调动人的积极性、发挥人的创造性。

三、自成体系：职业教育体系的内外部衔接

质层体系是类型教育的基本特征。从层次结构上看，我国职业教育体系包括职业启蒙教育、中等职业教育和高等职业教育，以及目前正在试行的更高层次职业教育。目前我国职业教育类型结构包括政府办学、社会办学和企业办学。办学形式结构包括全日制教育、非全日制教育、职业培训和学历教育。目前，我国职业教育体系建设仍处于建设和改革的过程中，因此，要在教育和培训两方面不断完善各级各类职业教育实践形式，让现代职业教育体系逐渐向完整性的方向发展。

不同层次职业教育的衔接与贯通，通过开放与闭合明确了职业教育作为

类型教育的边界。一是通过中高本衔接，构建职业教育系统的闭环模式，形成类型属性。打通职业教育内部上升通道，通过中高职衔接、高本衔接、中职本科衔接等多路径，实现职业院校、应用型本科院校和中职学校之间招生的衔接畅通，构建职业学校学生成长通道。二是通过职普融通机制的创建，搭建起普通教育与职业教育之间的桥梁，以开放融合的方式构建类型边界。通过职普互认与融通，使职业教育具有与普通教育同等的类型身份。三是通过育训结合，实现职业教育与人力资源市场直接对接。我国现代职业教育的发展，需要同时推进学校职业教育、职业培训的共同发展。国家通过 1 + X 证书制度加快学历证书和职业技能等级证书互通衔接，实现学历教育与培训并重。①

四、实施路径：多元化、独特性的实践路径

通过上述不断完善职业教育的内、外部衔接机制，推动构建完整的现代职业教育体系，为我国职业教育的高质量发展提供多元化、独特性的实践路径。具体来说，就是坚持产教融合、校企合作的发展之路。

产教融合是我国职业教育办学模式的基本特征，在办学主体方面，要求政府部门发挥市场在职业教育资源配置中的重要作用，形成以行业、企业等多种社会资源为主导的多元化办学格局；在办学形式方面，纳入更多职业教育体系到办学形式中，有效识别、积累和转化学生的学习成果；在体系建设方面，不断完善大众教育和终身教育的现代职业教育体系；在制度建设方面，引导继续建立校企合作标准化、产教融合型企业认证、教师的企业实习、校企人员双向流动等制度。

校企合作是数字经济时代职业教育转型升级的必经之路。职业教育人才培养的大量实践表明，企业积极、深入参与校企合作对于产业转型、提升校

---

① 万达，杜怡萍，吴晶，等. 试论职业教育作为类型教育的基本特征［J］. 中国职业技术教育，2019（28）：5.

企融合有积极意义：校企合作将代表先进生产力的产业先进技术元素融入教育教学过程，尤其是把职业岗位关键要求和技术转化为教学要素；校企合作将体现精湛技艺、精益求精、追求卓越的工匠精神等产业优秀文化元素融入教育教学过程，促进职业理念、职业素养、职业技能、职业精神融于一体，引导学生形成正确的价值观；校企合作将产业发展需求融入专业建设与教育教学过程，促进职业院校专业教学革新和服务能力提升，体现了职业教育的行业性、地方性特征。[①]

五、功能范畴：学历教育和职业培训并举

职业教育的一大功能便是学历教育，但同时应更多地发挥职业教育培训的功能，做到职业教育和职业培训并举。

第一，职业教育要在学历教育和职业教育两方面共同发挥作用。完善职业教育和职业培训体系是新时代职业教育改革的重点，职业院校教育和职业培训并举也是《中华人民共和国职业教育法》的要求。职业教育要充分发挥学校的教师资源优势和硬件条件资源，面向行业企业，让学生走出校园，进社区、进企业，持续扩大社会培训的范围和种类，快速适应社会发展需求，发挥职业教育的积极作用。

第二，要完善职业教育和培训体系，服务终身教育。党的十九大报告明确提出，要更加突出职业技能培训的作用，进一步完善职业教育和培训体系。当今时代，个人必须通过终身学习才能确保不落后于时代，终身学习是时代发展所需，也是个人发展所需。因此，终身职业培训体系建设是国家人力资源开发战略中的重要内容，在我国现代化建设过程中，职业教育更加有助于解决劳动者个体的终身学习和培训需求的现实问题。[②]

---

①②　万达，杜怡萍，吴晶，等.试论职业教育作为类型教育的基本特征［J］.中国职业技术教育，2019（28）：5.

第三节　职业教育供给与经济社会发展
需求高度匹配

　　中共中央办公厅、国务院办公厅印发的《关于推动现代职业教育高质量发展的意见》（以下简称《意见》）提出，到 2035 年，职业教育整体水平进入世界前列，技能型社会基本建成。技术技能人才社会地位大幅提升，职业教育供给与经济社会发展需求高度匹配，在全面建设社会主义现代化国家中的作用显著增强。[①]

　　"职业教育供给与经济社会发展需求高度匹配"，既是职业教育行业本身的要求，也是新时期赋予职业教育的使命。职业教育的目的是满足个人就业需要和工作的客观需要，从而促进社会生产力的发展。在数字经济时代，职业教育转型发展的最终目标是实现人才供给与经济社会发展需求的高度匹配，从而促进职业教育的稳定发展。因此，本节探讨以下两个问题：一是有序、合理地扩大职业本科教育规模；二是拓展和完善职业教育多元化办学模式。相信这两个议题将有助于推动"高度匹配"的实现。

一、有序合理扩大职业本科教育规模

　　有序、合理地扩大职业本科教育规模，对于职业教育优化体系结构、补齐发展短板至关重要，更是实现人才供需高度匹配的重要途径。《意见》提出了职业本科教育"到 2025 年规模不低于 10%"的目标。

　　我国职业本科学校现有 32 所，在校生 12.9 万人，2021 年招生 4.1 万人。为确保"到 2025 年规模不低于 10%"的发展目标，教育部职业教育与

---

　　① 中共中央办公厅 国务院办公厅. 关于推动现代职业教育高质量发展的意见［EB/OL］.（2021 – 10 – 12）［2022 – 06 – 01］. http：//www. gov. cn/zhengce/2021 – 10/12/content_5642120. htm.

成人教育司陈子季司长曾对媒体明确表示："教育部需要多措并举，加大本科层次职业教育人才培养力度：指导现有的 32 所职业本科学校加强基本办学条件建设，提升办学质量；推动举办职业本科教育专业的学校及其举办者持续加大投入和办学条件改进力度，同时要支持一批国家优质高职专科学校，按照《本科层次职业学校设置标准》升格为职业本科学校，稳步扩大职业本科学校和职业本科教育专业的规模；继续鼓励和支持高水平应用型普通本科高校按照《专业设置办法》申请设置职业本科教育专业，按照职业教育办学规律和育人模式开展人才培养。"[1]

关于如何推动职业本科教育稳中有进，陈子季司长表示：发展职业本科教育是教育外部需求和内部需要共同作用的必然结果，既是满足经济社会发展对高层次技术技能人才的需要，又是回应广大人民群众对高质量就业和教育的需求。并指出重点抓好三件事：一是强化顶层设计。制定指导意见，明确职业本科教育的办学定位、发展路径、培养目标、培养方式、办学体制，引导学校在内涵上下功夫，提升办学质量。二是科学设置。完善职业本科学校设置标准和专业设置办法，支持符合条件的国家"双高计划"建设单位独立升格为职业本科学校，支持符合产教深度融合、办学特色鲜明、培养质量较高的专科层次高等职业学校，升级部分专科专业，试办职业本科教育。三是打造示范标杆。以部省合建方式"小切口""大支持"，遴选建设 10 所左右高水平职业本科教育示范学校，打造标杆、提振信心、改变形象、蹚出路子。目前全国专升本的比例已达 20%，下一步将力争让更多的职业学校毕业生接受高质量的职业本科教育。[2]

在国家层面相关部门的支持下，职业教育院校如何才能有序、合理地扩大职业本科教育规模？在这方面，浙江宁波的探索实践经验值得学习借鉴。

从宁波市发布的《2020 宁波人才开发指引》数据看，宁波市企业对本科学历人才的需求，由 2019 年的 29.75% 上升到 42.24%，绿色石化、汽车、

①② 32 所职业本科学校现有在校生 12.9 万人，教育部：支持一批优质高职专科院校升格为职业本科学校［EB/OL］．http://www.nbd.con.cn/articles/2022 - 02 - 23/2136825.html.

高端装备、电子信息、软件与新兴服务业等产业都急需大量高层次技术技能人才。事实上，在过去一段时间，宁波市一直注重扩大职业本科教育规模，以建设宁波国家职业教育与产业协同创新试验区、国家产教融合城市为龙头，深化校企合作，完善产学研协同创新体系，积极发挥职业教育的作用，进一步增强职业教育类型定位和自身的吸引力。在 2021 年宁波市职业教育活动月上，宁波市教育局集中签约了一批校企合作项目，其中既有横向融通培养人才方面的项目又有纵向贯通培养人才方面的项目，还有实训基地建设和多元育人方面的项目，从而搭建起"纵横贯通"的成长阶梯。与此同时，宁波各地各校也在积极探索路径，如宁波市代管县级市慈溪正在稳步发展高层次职业教育，争取在宁大科技学院举办面向慈溪职业学校学生的本科专业班级，引导更多的学生留在慈溪就业创业；同样是宁波市代管县级市的余姚也在推进职业教育人才培养方式创新，其中余姚市职业技术学校研究职教高考新态势，让更多的中职学生能有机会升入高一级职业院校特别是本科院校继续深造学习。

目前，宁波市职业院校在国家与省"双高计划"项目中获得新突破，实现"双高"率100%。宁波职业技术学院入选国家"双高计划"建设名单；浙江纺织服装职业技术学院等6所高职高专院校入选浙江省高水平职业院校和专业（群）建设名单。接下来，宁波将继续着眼建设全球先进制造业基地、打造新材料科创高地等重大部署，推动产业链、教育链、人才链和创新链有效衔接，优化职业教育院校、学科、学生总体布局，建设一批高能级的产业学院，培养更多的高素质技能技术人才。

二、扩大并健全职业教育多元办学格局

扩大并健全职业教育多元办学格局是实现人才供需高度匹配的重要举措。《意见》提出，鼓励上市公司、行业龙头企业举办职业教育；鼓励各类企业依法参与举办职业教育；鼓励职业学校与社会资本合作共建职业教育基

础设施、实训基地，共建共享公共实训基地①；鼓励上市公司和头部企业举办职业教育，可以是自办，也可以是联办。

鼓励行业龙头企业和上市公司等社会资源参与职业教育，让职业院校获得更多的外部支持，帮助部分地区的职业教育弥补资金缺口，使师资、教学设备等方面的力量得到提升，教学质量和教学硬件得到改善。例如，一台专业设备，采购价格动辄数万元或数十万元，这让很多资金有限的职业院校无法引进，导致在这方面的教学停留在理论层面，没法让学生获得实际操作的机会。如果有资金充沛的大企业参与职业教育办学，就能有效解决这一问题。有些企业会面临这样一种尴尬的情况，用高薪招聘数字技术人才却招不到，所以被迫从国外聘请专业人员，这给企业造成了很多困扰，是很多企业亟待解决的痛点问题。通过现象有望在职业教育的多元办学中得到持续改善。职业院校高质量的教学，能够为企业提供能胜任岗位的高质量人才，拥有数字技能的学生也能够得到薪酬回报和更好的发展空间。如此形成良性循环，人才供给面将持续扩大，职业教育的发展也将越来越好。

当前，我国的职业教育更偏重于培养专业技能型人才，学生们毕业后往往会进入企业一线进行技能型工作。但由于目前我国职业院校与行业、企业的交流合作较少，学生获得一线实践的机会也较少，因而毕业生进入企业后需要一段时间来适应。如果职业院校采用多元办学，可以让学生提前获得一线实践机会，学生在校期间即可参与企业日常工作进行实践，积累一定的实习经验，从而缩短毕业生在企业中的适应期，让学生走出校门就能从容面对工作岗位。

身处一线市场的企业，比学校更加清楚社会需要什么样的人才，因而在与职业院校的合作中，可以从课程内容、教学方向、日常教学流程等方面不断提供意见，让教学内容跟随市场需求升级，避免职业院校所教授的内容与

---

① 中共中央办公厅 国务院办公厅. 关于推动现代职业教育高质量发展的意见 [EB/OL]. (2021-10-12) [2022-06-01]. http：//www.gov.cn/zhengce/2021-10/12/content_5642120.htm.

社会的实际需求脱节。职业院校还可以聘请企业中的技术人员、管理人员来校担任兼职讲师，向学生们介绍自己在企业中累积的知识和丰富的经验，让学生们了解一线市场的真实情况。这种软件建设方法能有效推动我国职业教育实现供需一体化的进程。

| 第四章 |

职业教育生态解构与重塑

教育生态学理论认为，环境变化会对教育生态系统的稳定产生冲击。2020 年暴发的新冠肺炎疫情对教育生态系统来说就是环境变化，疫情影响下广泛开展的"停课不停学"在线教育，是教育信息化发展过程中的一个里程碑，标志着我国教育现代化进入了一个快速发展的时期。在线教育对职业教育生态产生了冲击和挑战。本章将结合相关研究并从教育生态学的视角出发，深入剖析在线教育对传统职业教育生态的影响，探讨教育现代化改革发展路径，相信会对职业教育在数字经济时代的转型调整有所启示。

第一节　环境对职业教育生态系统的重构

教育活动是在一定的环境中开展的，并与之不断地进行能量交换和信息反馈。2020 年新冠肺炎疫情暴发后至今广泛开展的在线教育环境变化，正在对职业教育生态系统进行重构。具体体现在职业教育生态系统的重构和变迁、职业教育生态群落的改变以及教育生态系统结构要素的改变三个方面。

一、职业教育生态系统的重构和变迁

传统教育生态系统是以学校为界限的闭环系统，与社会其他系统之间相对独立，系统之间只有少部分能量流动。信息技术打破了传统职业教育生态系统的自我封闭状态，增加了生态系统结构的多样性，形成了"互联网＋教育""互联网＋企业""校行企联动"跨区域协同发展的职业教育结构体系。[①]

当前，在线教育正当其时，传统职业教育生态系统正在被进一步重构和变迁。突如其来的新冠肺炎疫情给线下职业教育机构造成明显冲击，基于疫情"持久战"的判断，很多行业开始转战线上，疫情加速了在线职业教育的发展。这是疫情环境下职业教育生态系统被进一步重构和变迁的最直观体现。具体到在线职业教育教学实践中，教师需要想尽办法将部分学习资料、教学课件通过微信、QQ 等方式发到学生手中，而这也带来了教学方式的变迁；实践教学在职业教育中占有很大比重，为了将疫情对实践教学的影响降到最低，线上教学过程中有的播放实践教学视频、有的爆发仿真动画，还有的通过在线虚拟真实软件让学生在线模拟学习；由于疫情影响企业的正常运行，各单位基本处于停工状态，因而造成了职业学校学生的顶岗实习和就业出现了停滞；教育培训行业在复工后很难通过扩大生源来弥补损失，这对教培行业的影响是巨大的……

新冠肺炎疫情环境下，职业教育生态系统建设的理论依据是：在整个社会生态系统中，教育系统、行企系统、信息化系统三者之间的影响和联系日益密切，已经发展为你中有我、我中有你的多维网络生态系统。《基于生态学视角的高等教育体系失衡问题研究》一文认为，要保持整个社会生态系统稳定，各个子系统或者微生态系统必须紧密联系，必须不断处于自我调节与

---

① 史路平．线上教学对传统职业教育生态的挑战与重构［J］．教育教学论坛，2021（24）：69－72．

互相适应的动态调整中。因此，从属于社会生态系统的职业教育的发展也符合生态演替的规律。也就是说，社会生态系统负责向教育生态系统传输物质能量，如经费、技术等，而教育生态系统负责向社会生态系统输出人才、科研成果等。社会生态系统与教育生态系统的这种紧密联系与动态调整符合生态系统的平衡稳定理论，即能量的输入与输出应保持平衡。

二、职业教育生态群落的改变

院校管理者、教师和学生组成了传统职业教育的生态群落。在新冠肺炎疫情暴发之初，学生和家长都对线上进行职业教育教学存在疑虑，怀疑其可行度，甚至连一部分职业院校的管理者和教师也是如此，大家都没有在思想层面上认识到线上职业教育的可行性、优势性和必然性。突然暴发的疫情让职业院校的管理层和教师没有时间去深入研究线上教学，学生和家长们也没有准备好接受线上教学的模式。

真正通过线上教学后，职业教育学院的管理者、教授和学生的思想发生了颠覆性的变化，也拓宽了职业教育的视野。职业院校的管理层开始思考如何在信息化的潮流中强化职业教育，让职业教育在整个教育生态中发挥不可替代的作用。职业教育信息化为学生提供了多维度的知识来源，更加符合数字经济时代学生的学习方式。教师们作为职业教育生态中的重要生产者，逐渐开始习惯并摸索出一套适合线上教学的职业教育方法。

总之，新冠肺炎疫情下的线上教学，促使职业教育生态的群落发生改变，职业教育生态群落扩大到职业教育院校的管理层、教师、学生，此外还有家长、企业、信息技术专业人员等。

三、教育生态系统结构要素的改变

传统的职业教育生态系统中结构要素主要包括学校、教师、学生、课堂、教材。课堂是知识传授的主阵地，教材是知识的重要载体，知识是职业教育生态系统中流动的能量、传递的信息。在线职业教育也使职业教育生态系统的结构要素发生了改变。

随着我国高科技产业的崛起和数字化的发展，中高端制造产业迎来了蓬勃发展，各产业中所涉及的知识也日趋丰富，并且逐渐复杂和抽象化。面对这些丰富而复杂的知识，职业教育也受到了挑战，因为依靠有限的课堂时间，无法完全满足学生们的学习需求，职业教育难以实现培养高端技术人才的目标。为了打破这一局面，需要职业院校传授知识的载体发生改变，数字时代职业教育的生态结构中，不仅需要学校、教师、课堂和教材，移动智能终端、PC 终端、网络资源等也都是线上职业教育的必备条件。线上职业教育的推进与发展，让职业教育生态结构发生了变化，增加的新要素打破了传统职业教育的发展惰性。

在教育生态系统结构要素改变的情况下，职业教育生态系统要想立足数据经济新时代，就必须进行自我调节，这种调节主要表现为数字化资源的充分利用。一方面，坚持产教融合、校企合作，完善政府引导、市场参与的职业教育数字化资源开发机制，建立健全职业教育数字化资源和服务的准入机制、退出机制、知识产权保护机制和利益分配机制；另一方面，努力调动参与各方的积极性，推动形成产教良性互动、校企优势互补的发展格局，激发数字化资源升级和持续更新的内生动力，持续增加资源总量、提高资源质量，促进教育链、创新链与产业链、人才链的深度融合。

第二节　数字经济时代职业教育生态重塑路径

《高校在线教育的发展脉络、应用现状及转型机遇》一文认为，职业教育在信息化浪潮中能否站稳，取决于职业学校运营模式与在线教育技术能否很好地兼容。在大数据、人工智能、5G、物联网等新一代信息技术支撑的数字经济时代，对职业教育生态进行重塑，数字资源、信息素养、信息化领导力、政府的引领及统筹协调等必不可少。

一、建设优质的数字化资源

建设适合职业教育教学的优质数字化资源和教育平台，是职业教育数字经济时代完成转型升级使命的必然选择。

《由"翻转"走向"融合"的在线教育3.0》一文认为，目前职业教育数字资源建设都是基于教材知识体系，将教材依托课件或视频的形式上传到网络平台，这种数字资源只是简单地进行了"课本搬家""课堂搬家"，资源的质量良莠不齐、内容单一、缺乏体系、共享性不强，对学生的吸引力不强，学生对资源的主动使用率低。[①]

在线教育的优点就是脱离了时间和空间的限制，让受教育者可以充分利用自己的时间进行学习拓展和创新。《人工智能时代职业教育的智慧教育生态系统的构建》一文认为，在线教育对线下低质量、低效率的培训形成挑战，加速了教育生态中资源的优胜劣汰，让更优质的教学资源脱颖而出。

职业教育资源建设要实现从专用资源向大资源（现代社会发展的整个支撑系统）的转变，通过优质在线教育资源的建设，促使在线教育成为更加高效的教育形式，可以满足标准化、规模化、个性化学习的要求，同时也可以促进教育公平性，不管学生身处何地都可以享受到优质教育资源。

二、进一步提高师生信息素养

《教育信息化2.0背景下智慧教师能力模型构建研究》一文认为，教育生态的能量输入与输出依托教学行为。教师是教学行为的主体，随着教育信

---

① 焦晓骏，华俊萍．由"翻转"走向"融合"的线上教育3.0 [J]．初中生世界，2019（40）：32-33.

息化对教学方式的颠覆和培养目标的归真，教学行为的主体会被新一代信息技术分割，教师和新技术共同承担教学行为。这就是说，从事职业教育的教师要充分应用现代信息技术，进行课程改革，优化教学方法，线上线下、课上课下完美对接，提高课堂效率，并且在此过程中不断提高学生应用信息技术的能力；而新一代信息技术对教育的革命性影响要求教师必须提高自身的信息素养，提高自身运用信息技术的教育教学能力，应用现代教育信息技术对职业教育进行重构与改造，使得线下教学环境的整体教学架构、过程、评价与线上完全融合。[①]郑勤华在《疫情期间在线教学实施现状、问题与对策建议》一文中认为，在线教育或将改变班级授课制的生态，转而创造一种融合育人的新范式。

在数字化和信息化高速发展的背景下，教师们的职责不再只是"传道授业解惑"了，在当前时代下，教师们还要做学生的引导者。人工智能技术在经过一系列发展后，已经逐渐融入职业教育领域。融入了人工智能的教学平台会为教师们分担一部分"传道授业解惑"的工作，这样教师们就能有更多的时间对学生进行素质和专业技能方面的培养，成为学生在职业领域的引路人。将人类的"温度"和人工智能的"智慧"相结合，能够将学生培养成有"温度"、有"智慧"、有技术的高素质技能型人才。当前时代，教师们要能适应数字化和信息化发展带来的变革，能跟上时代发展的脚步，为学生设计职业生涯发展路径，促使学生在这条路上走得更快更远，成为学生职业生涯的引导者。职业教育教师应顺应新时代和新技术的发展需要，与时俱进地更新自己的专业知识，以满足职业教育的需求。

职业院校中数字资源的建设离不开整个教研团队的统筹策划。首先，教研团队要深入企业、院校中，与企业负责人和院校教师展开沟通，确定人才培养的目标，制订人才培养方案；其次，教研团队要对教材内容进行逻辑化梳理，之后对课程内容进行重构，根据之前对企业和院校的走访，对课程和

---

① 柳仪．教育信息化2.0背景下智慧教师能力模型构建研究［J］．教育导刊：上半月，2019（6）：6.

教材进行重新编写和改进；最后，教研团队可在专业信息技术人员的帮助下，在课堂上应用新型数字资源，建设智慧课堂，让新技术和传统教育相结合，实现智慧教育的转型和进化。

职业教育生态的能量输入与输出教学活动，不仅包括作为教学行为主体，即施教者的教师，也包括作为受教者的学生。因此，重塑数字经济时代的职业教育生态，既要提高从事职业教育的教师的信息素养，又要提高职业教育院校的学生的信息素养。

如今，现代企业对信息技术人才的需求量越来越大，这在一定程度上促进了传统教育向信息化教育的转变。教育信息化极大地拓展了职业教育的学习时间，解决了获取知识的无限性和在校学习时间有限性之间的矛盾。教育信息化还拓展了学生获取知识的途径，获取知识的途径不仅局限在学校里、课堂上，也通过线上丰富的优质教学资源，能让学生获取到更多所需的知识。如今的大学生应该掌握较强的信息技术应用能力，为社会数字资源建设贡献力量。

三、提升管理层信息化领导力

重塑数字经济时代下的职业教育生态，离不开职业教育管理层信息化领导力的提升。具体应做好以下两方面的工作。

1. 管理层要为教师专业发展提供更加有效的培训、交流平台

随着信息技术的快速发展，新形式的、高质量的、更便捷的培训平台需要建立起来，并通过新一代信息手段和技术呈现学习内容，以解决教师在教育信息化创新与改革方面的实际问题。《"互联网＋"教师培训与专业发展：深度质量评价的视角》一文认为，交流平台能够为教师教学经验共享、教学难题探讨提供一个开放交流的空间，能够有效促进教师行业内的相互学习、相互提高。[①]

---

① 冯晓英，宋琼，吴怡君."互联网＋"教师培训与专业发展：深度质量评价的视角［J］. 开放学习研究，2020，25（03）：1–7.

职业院校若要建设教学管理和教学质量监控的智能化体系，可以先用智能评估系统对在职教师的能力进行评估，对评估后的结果对教师进行有针对性的培训，从而提高教师们的数字技能和信息化职业能力。让教师们先了解到现代信息技术能给职业教育领域和自己的职业生涯发展带来哪些便利与进步，教师们才会更积极地使用现代信息技术教学，才能将现代信息技术融入职业教育。

2. 职业院校管理层要做好顶层设计

职业教育必须充分利用大数据技术完善职业教育管理信息化的顶层设计。管理层要在管理模式的创新层面开拓新思路，建设智慧化教务管理系统，加强数据挖掘、分析以及整合能力。《教育信息化 2.0 视域下的首席信息官（CIO）——核心内涵、能力模型与专业发展策略》一文建议，要融合教务管理系统数据与网络教学平台数据，让教育管理决策、监督评价都建立在大数据基础上，实现决策合理、措施精准、管理有效，促进教育管理更具先进性与科学性。①

为保障职业院校教师们顺利开发数字资源，职业院校需要引进资金、技术和专业的信息金属人才。

四、发挥政府的引领及统筹协调作用

在职业教育中，政府主要是将资金和技术等资源输送到职业教育体系中，因而其在职业教育信息化发展中有着不可替代的协调和引领作用。政府促进更优质的在线教育平台技术的发展，需要引进更多信息化技术专业人员，还要促进教育资源公共服务平台和教育管理公共服务平台建设。政府要在职业教育领域引入多主体供给机制，为职业教育领域引入竞争机制，倒逼办学机构、院校和企业之间你追我赶，持续激发供给活力，提高资源质量和

---

① 葛文双，白浩. 教育信息化 2.0 视域下的首席信息官（CIO）——核心内涵、能力模型与专业发展策略［J］. 远程教育杂志，2020，38（04）：64 – 73.

优化资源配置。同时，建立长效激励机制，鼓励行业、企业积极参与职业教育的信息化建设，打造新时代背景下的产教融合信息化平台，促进专用资源向大资源转变。

开展线上教育对职业教育领域有着重大且深远的影响，职业教育的现代化发展需要一个长期的发展和适应过程。在这个较为长期的过程中，职业教育的生态会不断进行调整，最终会趋于动态稳定并与我国社会的信息化同步发展，与我国世界第二大经济体的地位相匹配，实现转型。

| 第五章 |

职业教育中互联网思维的运用

互联网思维是在科技不断发展的背景下，对整个商业生态进行重新审视的思考方式，具体包括用户思维、系统思维、简约思维、跨界思维、极致思维、迭代思维、社会化思维等。数字经济时代的职业教育体系建设，不仅是外延的扩张，更重要的是运用互联网思维方法走一条内涵发展之路。将互联网思维应用于职业教育中，就是运用用户思维进行职业教育改革、运用系统思维进行职业教育顶层设计、运用简约思维推进职业教育信息化建设、运用跨界思维促进产教融合和校企合作、运用极致思维开展关键核心技术攻关、运用迭代思维进行创新创业职业教育、运用社会化思维提升职业教育吸引力。

第一节　用户思维——职业教育思维改革的关键

互联网思维中的用户思维即用户至上思维，是互联网思维中最基础、最重要的思维。用户思维强调我们所提供的产品和服务要以用户需求为导向，以用户参与、体验为核心，以产品和服务的质量为关键，为每一位用户提供最适合的服务，努力打造产品和服务品牌。① 用户思维体现了互联网思维的"用户导向"的价值。职业教育作为一种服务，其吸引力和竞争力，同样取决于职业教育院校的服务水平和服务意识。职业教育也要以学生的需求为导向，重视学生的体验和参与。

职业教育的用户主要是政府、企业、家长和学生。政府向职业教育院校提供经费和资源，要求院校培育人才和提供智力支撑；学生和家长向学校缴纳学费，要求院校培养学生专业技能和夯实文化底蕴，帮助学生成才。将用户思维作为职业教育思维改革的关键，就是要在就业、服务、立德树人这三个方面满足职业教育用户的需求。

一、以促进就业为导向，满足学生的现实需求

职业教育的首要任务和办学导向就是促进学生就业，这也是学生和家长的现实需求。一般来说，一种服务或一款产品出现和存在的理由就在于有用户需求，同样，职业教育存在和发展的理由也在于有学生需求。企业、学生能否都满意是衡量职业教育的终极标准，也是检验职业教育是否有竞争力的关键所在。职业教育院校要想企业和学生之所想，以满足企业和用户的需求为导向。

职业教育院校要让学生获得一技之长，并满足学生就业需求；为政府缓解就业压力，将人口压力转变为人才优势；为企业培养、培训大量高素质、高技能型人才，满足现代企业的用工需求。

二、以服务发展为宗旨，满足用户的发展需求

服务发展是职业教育的一大宗旨，服务发展包括但不限于国家的发展、社会的发展、企业的发展和学生个人的发展。职业教育站位要高、目光要长

---

① 孙兆化. 用户思维：职业教育改革的关键 [J]. 当代职业教育，2016（8）：1.

远，为社会、企业和学生提供发展的可能。

为了提高学生的社会适应能力，职业教育院校不仅要关注学生的就业问题和为学生提供专业理论知识、职业技能培训，还应该注重学生职业素养和敬业精神方面的培养，为学生成为更高质量的人才和更好的职业生涯发展奠定良好基础，培养学生可持续发展的能力。职业院校应从长远的角度出发，培养出的人才不仅要能就业和满足企业的需求，还应该注重人才是否有利于全社会和企业的长远发展。因此，职业院校要做的不仅是教授专业知识和技能，而且还要培养学生爱岗敬业、奉献社会的良好道德品质，加强学生公民意识，使其为国家的发展做一份贡献，做一个高质量人才。

三、以立德树人为根本，满足用户的终极需求

立德树人是职业教育的根本教学目标之一。职业教育的最终追求是培养全面发展、德技双馨的技术技能人才。要立功先立德，要成才先成人，这是一个人成长的根基。立德要求学生坚持以德为先；树人要求学生坚持以人为本。职业教育要从学生的需求出发，满足学生个性化、多样化的需求，让家长、学生、企业和社会有更多的获得感。

也就是说，满足学生、家长的需求，通过教育为学生奠定成长基础，让学生最终"成人成才"。职业院校应站在社会和企业的角度去看待、思考问题，加强与企业之间的沟通和交流，创新合作机制，实现互利共赢。同时，职业院校还应加快职业教育建设发展，为国家、为社会培养输出高素质和高质量的劳动者，推动我国经济社会可持续的创新发展。

改革职业教育的关键是坚持"用户思维"，即站在企业、学生的角度思考问题。职业院校应提升自身吸引力和竞争力，以企业、学生多样化的需求为价值追求。职业教育必须以促进就业为导向，满足用户的现实需求；以服务发展为宗旨，满足用户的发展需求；以立德树人为根本，满足用户的终极需求。这样的职业教育才是政府满意、社会满意、企业满意、家长满意、学

生满意的职业教育。

第二节　运用系统思维进行职业教育顶层设计

互联网思维中的系统思维就是把认识对象作为系统，从系统和要素、要素和要素、系统和环境的相互联系与相互作用中综合地考察认识对象的一种思维方法。同样，职业教育的发展也可以看作一项系统工程，需要运用系统思维进行顶层设计。

一、运用系统思维总结我国职业教育发展的实例

回顾我国职业教育近几年的发展，基本上是按照"明确发展目标→修订专业目录→制定专业教学基本标准→进行软硬件的建设"的主线开展的。

这个主线就相当于一个系统，其中涵盖了发展目标、专业目录、专业教学基本标准、软硬件等各个要素。这就是运用系统思维来论述我国职业教育发展主线的实例，反映出很强的系统性。我国职业教育发展的下一步工作重点，就是围绕这一主线采取相应的配套措施。而各种配套措施同样也是各种要素，如制度、方案、措施等，也需要运用系统思维。

以配套措施中的制度建设为例，教育部于 2021 年 11 月印发的《关于进一步完善职业院校分类考试工作的通知》就是关于顶层设计方面的制度建设，从总体要求、完善招生计划安排、完善考试内容和形式、完善招生录取机制、完善监督管理办法等五个方面作出了制度安排。

当然，除了相关的制度安排之外，还有招考制度的改革、促进社会力量办学的措施等，同样需要运用系统思维。

二、借鉴"考驾照"的思路用系统思维做顶层设计

我国的"考驾照"可以说是这些年最成功的职业教育。截至 2020 年末我国获得驾照的人数已达 4.7 亿，这项开车的技能不但使无数人过上了有车的现代化生活，更使无数家庭以开车致富，摆脱了贫困，使无数人得以新生。国家也在"汽车经济"的推动下上了一个大台阶。

"考驾照"涉及国家、驾校、教练、学员，以及相关的技术和设备方面的软硬件等多个要素，各个要素构成了一个完整的系统。在"考驾照"这种普及驾驶技术的过程中，国家没有太多财政投资，更没有复杂的教学监管和检查，国家只抓住了一点：明确考试科目和规则，严格考试纪律。顶层设计做得好，才能取得较大的经济效益。其成功之处就在于，国家没有规定驾校必须是国有，没有给驾校教练编制，没有掏钱建设多少国有驾校，也没有派出庞大的团队监管各驾校驾驶技能培训的各个环节，只是制定了考核驾驶技术的标准，只是在技能考核端严格管理，而把技能培养端完全放开。一个人要学习驾驶技术，国有驾校可以，私营驾校也行，自学也行，只要能通过考试都可以。

"考驾照"这一顶层设计堪称我国职业技能培训的经典之作。职业教育参照"考驾照"进行顶层设计，必须要在机制上做出大的改革。首先，教育主管部门要从技能培训和学习的过程监管中抽身出来，把职业技能培训交给市场，自己专注于制定职业技能考核标准和主持职业技能考核。以教育部为主导，联合科技部、工信部、商务部等所有有职业技能需求的部门，并联合各行业的标杆型企业，把这些行业分成有限的大类，制定各个大类的职业技能考核标准，规定获得职业中专、大专、本科文凭的职业标准。并结合以慕课（MOOC）为基础的文化课标准，把职业技能的培养和职业文凭的获得完全自由化。不再要求准入门槛，不再要求学习年限，不再要求集中在校学习，只以技能和文化课的考核达标为门槛颁发职业文凭，彻底释放自学职业

技能和有技能的企业教授学生技能的积极性。其次，把职业中专、大专、职业本科的文凭向全社会开放，取得这些文凭不要求起步文凭，不要求在校脱产学习，仅与职业资格证和文化课的慕课成绩挂钩。任何人，不分男女老幼，不分残疾正常，不管上没上过学，只要有本事通过严格的职业技能考试，拿到获得职业中专、大专、本科文凭规定的职业资格证书，慕课成绩过关，就给他颁发学历证书。就像任何人只要通过驾照考试就给他颁发驾照一样。

第三节　运用简约思维推进职业教育信息化建设

互联网思维中的简约思维，意思是敢于放弃多余的部分，用最简单的方式直奔问题的实质。简约思维的法则，一是专注，少即是多；二是简约，简约即是美。简约思维告诉我们，职业教育在进行信息化产品开发时，要抓住最核心的需求，敢于舍弃一些不重要的功能，要尽可能地人性化，不要有多余的步骤等。过多强调硬件建设而忽视教育教学本身的需要，或者仅借助技术手段优化教育教学而忽视学习者的需要，都不利于职业教育信息化的有序推进。

数字经济时代背景下，职业教育运用简约思维推进信息化建设，应注重信息技术与职业教育的创新融合，通过技术支持真正实现学校教育与岗位学习相结合。

一、信息技术与职业教育的创新融合

通常认为，信息处理技术的巨大变化将促使工业企业大踏步地迅速自动化，不仅涉及工业体系、机器人和自动化系统，还影响到第三产业的诸多部门。现在许多职业院校为了"信息化"正在建设数字校园，让无线网络覆盖

全校，开发各种教学资源库、仿真模拟软件等。可真正使用时，却发现用户体验不太好。这是因缺少简约思维而导致的资源浪费。

事实上，任何技术的作用并不完全依赖于技术本身，还取决于它的使用者。信息技术虽然可以促进职业教育创新，但它的应用不会自动创造教育奇迹，因为所有技术支持教育改革的发生是有条件的。对于学校职业教育而言，当务之急是要认真且深层地思考如何使信息技术与职业教育实现创新融合。

因为新型职业岗位的兴起及传统岗位需求的变化，所有职业院校必须对相关专业的人才培养目标及过程作出相应的调整，进而在课程的设置、教学的具体实施中对工作岗位要求的新变化有所呼应。例如，目前一种常见的做法就是在专业教学标准的制定中，强调学生信息素养的培养。技术除了通过影响岗位需求对职业教育人才培养产生影响之外，也直接影响着学校职业教育的具体教育教学。例如，职业院校可以将计算机作为辅助教学的工具，进行自动化教学程序设置，通过交互过程为学习者打包，学习者可以从网上访问，从而指导职业院校学生的学习。由于信息技术可透过互联网提供的机械及电子课程教学网络，因而能够改善职业教育远程学习计划的教与学，例如，可以以一系列经过仔细验证的顺序和明确的步骤来呈现学生要学习的材料，也可以打印或记录所有可以从互联网上获得的内容。此外，更为重要的是在没有工具、机器和设备的情况下，可以通过虚拟现实的形式向学生提供从互联网上获得的替代方案。

只有使信息技术与职业教育实现创新融合，才能有力支持学校职业教育的革新，有力支持未来人才的培养，从而推进职业教育信息化建设。

二、教育与岗位学习相结合的技术支持

信息化对于教育的意义主要在于信息技术的进步对职业院校学生学习需求的满足。这不仅是因为学习范畴是教育科学的逻辑起点，更重要的是职业

教育生源的多样性和复杂性需要信息化手段进行信息的有效传递和经验的有序衔接。

　　学生进入职业院校进行学习需要施教者设计学习环境，其关键是如何运用信息技术来支持真实学习活动中的情境化内容，即学生遇到的问题和进行的实践与今后的校外岗位学习所遇在内容上的一致性问题。现实中，尽管信息技术革命极大地激励着教育工作者的热情，新的信息手段迅速扩大了信息选择范围，并使信息的双向互动成为可能，但许多主要工作只限于一些设备和软件的应用，信息化在职业教育方面所具有的基本效用仅仅表现为在一定程度上扩展了师生之间信息双向传递的内容和活动范围，职业教育教学过程所涉及的很多基本问题并没有得到根本解决，很多计划、期望只是空中楼阁。这样的"信息化"就是简约思维主张应该去掉的"多余的部分"。如果因为没有运用简约思维而缺乏适应信息化的良好对策，则信息化的发展只会产生一系列弊端，不利于职业教育的有序发展。可见简约思维对于推进职业教育信息化建设的必要性和重要性。

　　职业教育信息化是一个复杂的过程，其复杂性是由职业教育的特殊性所决定的。作为一种类型教育，职业教育通常有两种突出的实践形式：一是校内学习工场的实训；二是基于校外真实工作情境的实习。二者的目的都是获得实践知识及相关理论知识，不过校内实训的目的更偏向于学习者在校外真实工作情境中可能遇到的问题的"事先"解决。为此，信息技术的应用要着眼于将校外真实环境下学习者参与的活动安置在一种环境中，并将这种环境通过技术手段极力描摹成学习者在校外参与这些活动时出现的环境。如此，则有助于教育与岗位学习的相互结合，从而推动职业教育信息化建设。

第四节　运用跨界思维促进产教融合和校企合作

　　所谓跨界思维，在互联网领域中是以大世界和大眼光、多角度和多视野地看待问题并提出解决方案的一种思维方式。跨界思维通过打破现有方法，通过广泛借鉴，另辟蹊径地找到问题的有效解决方法，这为各专业、各领域需要解决的问题提供了一种全新的思维模式和方法。

跨界思维释义为交叉、跨越。以职业教育本身来讲，就是一种交叉和跨界，因为其有着职业和教育两种身份。因此，职业教育者要有跨界思维，不能将思维局限在自己所在的领域中。制订职业教育人才培养的方案时，逻辑的起点应该放在产业、行业和企业中，了解产业一线对从业人员的任职能力要求。同时，职业教育者还应建立一种新的联动机制，如果产业、行业和企业发生变化，职业教育领域能够快速得到反馈信息，并根据这些反馈第一时间对教育方案做出调整，这样职业院校在培养人才时能更具有针对性，让学生成为产业一线真正用得上的人才。通过这样的跨界思维与产业、行业和企业展开合作，更有助于实现产教融合。

一、职业教育要充分体现跨界思维

因为是跨界类型教育，所以职业教育在相关的行业和企业中要充分体现出跨界教育的思维模式，并在跨界中使其融合。

跨界职业教育在人才培养模式方面，要形成产业和教学融合、企业和院校合作、院校与院校协力的多元化办学模式；跨界职业教育在专业课程建设上，需要注重集群化建设，即将产业、行业、岗位和课程集群化，使专业能与产业、行业、岗位有效性对接。

跨界职业教育在培养目标方面，不仅要对学生的职业、专业能力和素质素养进行培育，还要对学生的职业精神进行培养，培养出社会真正需要的职业人才。

跨界职业教育在教学方面，需要注重理论教学和实操教学并举，强化理论和实践相结合的教学方式，为学生提供立体式和开放性的教学环境，培养出实现"知行合一"的人才。

　　跨界职业教育在教育体制方面，需要和各方力量协同创新，让职业教育形成社会多元化办学的格局，形成政府统筹管理、行业、企业和职业院校多方深度合作的办学方法。

　　跨界职业教育在教育的理念方面，要充分体现出科学教育的价值逻辑，要将职业精神、职业技术、社会经济、企业文化和素质教育融为一体，使社会、产业、行业、企业和人才跨界融合，并达到和谐共生。

二、运用跨界思维促进产教融合

　　产教融合是指职业院校根据所设专业，积极开办专业产业，把产业与教学密切结合，把学校办成人才培养的产业性经营实体，形成职业院校与产业浑然一体的办学模式。产教融合既是产业转型升级的通道也是教育尤其是职业院校变革的路径。由于职业院校和实体产业分属于两个不同的领域，因而在落实深化产教融合的过程中必须具备跨界思维。

　　因为产教融合的过程会涉及多元主体，所以在融合的过程中需要运用跨界思维，即运用跨界思维整合不同合作主体的资源，通过跨界融合来构建新的职业教育机制，提高职业教育的人才培育质量。从职业教育院校的角度看产教融合，有内容融合与外部融合两个不同维度。

　　职业教育院校的内部产教融合包括资源、理念和机制的融合，需要职业院校从顶层设计入手，进行统筹规划，整合学校内部的各种资源，减少院校不同部门之间不同制度相互不匹配、不能相互支撑的现象。例如，师范类院校可以和非师范专业进行跨界融合与同步并进；针对城乡教育资源分布不均衡和农村教师短缺的问题，可以建立在线教育服务中心，推动移动互联网时代课堂结构变革和课堂生态重建，在解决师范、非师范学科专业融合发展的同时，也可以为区域教育均衡化作出贡献。职业教育院校的新专业一般都是在院校原有专业的基础上建立起来的，它们既有学科上的联系，通常又共享着人力、教学和科研方面的资源，因此，在职业院校建设新专业的同时，也不要忘记把原有专业进行改造提升，要让院校中的专业共同进步发展，达到整体融合发展的目的。

职业教育院校的外部产教融合，需要以服务区域经济为出发点，立足地方、融入地方、服务地方，将区域人才需求与区域创新发展为己任，将教育实体和区域产业有机结合。另外，在产教融合中，职业院校要学会借势、借力发展，通过整合各类软硬件资源（如政策制度）与各协同单位的设施设备、人力资源、资金资源等，建设融合发展的教育基地，与各方力量一同建设人才培养流程，在融合发展的同时追求互利共赢的局面。例如，很多职业院校已经实现了所在区域的"政校行企"人才流通，这些院校就是与当地政府、行业企业协同合作，建立起了人才流动机制。

有效的产教融合，跨界治理必不可少。作为职业教育产教融合的中坚力量，职业院校要在产教融合的改革大潮中实现跨界治理体系和治理能力现代化，由原先的教育跟随产业走，到实现教育领跑产业的过程。因此，厘清职业院校内部与外部的治理体系，并激发跨界治理的动力，才能让跨界治理能力全面提升。

职业院校内部与外部治理体系包括服务好跨界的外部体系和搭建对应跨界的内部体系两个方面。就外部体系而言，职业院校的外部生态主要是政府、行业、企业体系，是其跨界治理根植的土壤与养分。职业院校要努力在产教有机衔接中扮演重要角色，要发挥自身人才、智力和创新优势，支撑企业竞争力提升和转型升级，从而成为产教融合改革重点的关键点。就内部体系来说，职业院校要力争在产权介入方面寻求突破，把行业企业的专业技术、设备、管理理念、企业文化和资金资源等直接融入学校的教育体系中，开展产教一体的深度融合。另外，职业院校还要探索新的多方参与治理模式，让跨界办学经验得到推广，并且是能够复制的。

除了厘清内外部治理体系，职业院校还需要启动跨界动力机制，以提升跨界治理能力。职业院校要提高自身站位，主动将目光放在高端产业上，在区域产业结构优化升级的过程中，主动调整和重组院校专业课程资源，以匹配产业发展速度，提高自身在职业教育领域的竞争力。职业院校要携手政府、行业、企业等各类主体，将多方优势资源整合，与多主体共同合作共建产教融合的职业教育体系，并探索产教融合的新机制。

三、运用跨界思维促进校企合作

校企合作是学校与企业的一种合作模式，即有针对性地为企业培养人才，注重人才的时效性与实用性。校企合作不光只注重理论，同时也注重实践，例如，很多校企合作专业采取的就是校内外学习并举的培养模式，在学生入校时与企业签订协议，在大三、大四的时候到企业去实习，将所学习到的理论知识在实践中落实。深化校企合作不仅需要创新实践，也需要跨界思维梳理类似上述校内外学习并举的人才培养模式，以及校企合作的宗旨和办学思想，以达到共利多赢的社会效果。

职业教育以就业为导向、以服务为宗旨，其"工学结合"的办学思想和人才培养模式，突破了传统的企业培训和学校教育的"围城"而彰显其跨界特性。

以前的观点普遍认为，知识只能在学校中产生，知识的转换也是从学校到企业的单向转换；而如今的观点则大有不同，企业在其发展过程中也会产生新技术和新知识，知识的转换是学校到企业、企业到学校之间的双向转换。因此，职业教育实现校企合作，开展跨界教育，才能让学校和企业的知识互相转换流通。

用多角度、多视野看待职业教育和校企合作，是提升职业教育吸引力、服务区域经济的跨界思维。跨界教育的重点是跨越教育和职业、学院和企业、学生和劳动者之间的界限，积极探索产业发展和教育发展的规律、职业成长和技能形成的规律。职业教育的校企合作利用两种或多种不同的教育环境和教育资源进行跨界融合，将成为国家经济社会发展、职业院校人才培育、企业科技创新发展的动力之源。

第五节　运用极致思维开展关键核心技术攻关

互联网思维中的极致思维，就是不求全面改革，而在某个点上专注专心做事情，做到极致，最终实现突破。极致思维突出一个"更"字，如更好、更快、更高、更少等，极致思维就是把结果做到更如何如何。

职业院校数字化离不开 5G、大数据、人工智能、物联网、区块链等新一代信息技术的支撑和保障，它们都应该是职业教育高质量发展的关键核心技术。在职业教育数字化转型过程中，要运用极致思维，通过技术攻关，高效应用这些技术，使其充分发挥出应有的作用。

一、新一代信息技术在职业教育教学中的应用

职业教育始终服务于社会经济的发展，在支撑原有产业运行和促进新兴产业创新发展等方面有着重要作用。在互联网技术高速发展、广泛应用的今天，信息化将成为我国职业教育改革和发展的关键。新一代的信息技术能给教学带来崭新的变化，信息化技术也能提高学生的积极性和主动性，从而提高学生的学习兴趣，能更加主动地学习。因此，使用新一代信息技术是提高职业教育教学质量的好方法。

信息化技术可以增强学生的学习兴趣。我国传统的教学模式基本都是使用黑板和投影等设备传递书本上的知识。随着信息时代的到来，多媒体设备逐渐进入教育领域，教学也逐渐多元化、生动化。同时教学还可以利用信息技术实现情境虚设，在教学中给学生带来身临其境的感受，激发学生学习的主动性与积极性。在教学之余，教师还可以使用信息化技术的远程功能，让教学互动课外化，使枯燥乏味的学习方式变得有趣，有效提高学生的学习效率。

信息化技术能方便实践操作技能的训练。在传统的教学模式下，专业技能的训练主要是通过校企合作的方式来实现。信息化技术应用于教学后，信息化软件设备可以模拟企业的生产流程和操作过程，从而让学生进行实践技能的操作训练，在模拟的环境中完成真实的工作流程，体验真实环境下的工作。在此条件下，学生的专业技能训练不会受到时间的限制，这对学生提升个人专业技能有着很大的好处。

信息化技术加强了学生之间的交流与合作。在传统职业教育模式中，学生们虽然同在一个教室中学习，但是很少展开技能上的交流与合作。信息化技术快速发展的今天，教学不再受到空间与时间的限制，可以不拘泥于现实而在技术平台上进行学习探讨与合作、互动与交流，教学的过程也成为学生之间沟通交流与协作的平台。

信息化技术改变了教学的组织形式。基础理论教学、项目授课、案例学习是传统职业教育的主要学习形式。随着信息化技术教学的深入发展，探究式教学、混合式教学、自主学习、协同学习等丰富的教学组织形式随之诞生，在很大程度上加强了对学生自主学习能力、合作学习能力的培养。

信息化技术加强了学生的创新能力。传统的职业教育理念往往只注重理论知识的灌输教学，常常忽略学生的主动性。如今，信息化技术教学更加强调的是培养学生的主动性、创新性和创造性。采用新颖的教学方式培养学生的创新和探索能力，注重学生主动学习和主动思考能力的培养。

二、在职业教育教学中极致应用信息化技术

如何在职业教育教学中高效应用信息化技术？例如，将 VR 虚拟现实技术和 AI 人工智能技术作为职业教育教学过程中的关键核心技术，然后运用极致思维开展 VR 虚拟现实技术和 AI 人工智能技术攻关，通过对这两项技术的应用，探索网络化、沉浸式、智能化的技术技能学习应用新场景，开发新的应用如智能助教等，为学生学习提供更加匹配的资源和服务。

当然，运用极致思维不止于 VR 虚拟现实技术和 AI 人工智能技术，在培训、课堂教学及资源共享等方面也要运用极致思维，力争做到"更"好。

在培训方面，采用信息化技术手段进行教学的重点在于提升教师的信息技术应用水平。例如，寻找教学资源、制作视频和课件的能力，如果教师在使用计算机制作课件上都存在问题，那么使用信息化技术进行教学也将不太可能。所以，在信息化教学融入职业教育前，职业院校要对教师进行信息技术的相关培训，以此来提高教师的信息化教学水平。

在课堂教学方面，教师应利用信息化的特点进行教学设计，将理论知识转化为具体化的、让学生容易理解的内容。利用信息化技术教学能增加学生的注意力，让学生将精力更集中在学习上。如今的信息化教学技术还能提高教学的互动性，教师可以利用这一特点来增加教学中的活跃度。例如，有条件的院校可运用 3D 打印、体感技术来强化学生的体验感。

在资源共享方面，信息化技术能打破遥远的距离，让沟通交流变得简单，职业院校可利用信息化技术的特点，与其他院校和组织之间共建教学资源平台，将教学资源通过共享的方式来实现其最大的价值。共享的教学平台能让教师之间展开沟通交流，而教学资源的不断丰富，能给教师们提供新的思路，这有助于教学方面的创新发展。当教学资源共享平台建立后，还应将合作的范围不断扩大，不仅限于院校和院校之间的教学资源共享，社会企业也可利用平台共享产业一线的经验。

第六节　运用迭代思维进行职业教育创新

所谓迭代思维，在互联网中有着"小步快跑"的含义，即通过微创新来进行快速更新。迭代思维是互联网产品开发的典型方法论，大多数人都接触过迭代更新，如智能手机中的微信版本更新。从细微的用户需求入手，贴近用户心理，及时乃至实时关注用户需求，把握用户需求的变化，在用户参与和反馈中逐步改进、不断试错，在持续迭代中完善产品。①

迭代思维在职业教育领域可以有很多方面的应用，本节主要讨论运用迭代思维创新职业院校课程建设、运用迭代思维创新职业院校培训内容和运用迭代思维创新职业院校思想政治教育这三个议题。

一、运用迭代思维创新职业院校课程建设

职业院校对学生技能的专注培养是通过课程来实现的，学生的主要任务是围绕既定课程进行学习。这种学习模式下的学生虽然具有一定的操作能力，但缺乏创新能力，灵活性还不够。如能在课程构建之初引入迭代思维，则可以使传统的课程学习模式具有新的活力，为学生巩固专业技能的同时也能提升其综合职业素质，这也契合职业教育转型发展的新思路。

迭代思维融入课程建设的构建思路是：首先，项目教学对象的设定，应具有可迭代性。并不是所有的课程都可以采用迭代式教学。选取的课程应代表该专业的特色、具备前沿行业发展，并能覆盖专业知识技能点等特征。其次，项目教学课程的规划，不仅通过内容分解，逐级实现教学目标，更在其过程中，更新迭代产生的数据，不断调整优化先前设定的目标，以达到更好的教学效果。最后，项目教学评价标准应体现迭代思维，灵活、开放地去唯一性，培养学生发散性思维完成教学目标。②具体到实践中，可以通过以下方法具体实施。

一是分解具有可迭代性的课程内容。因为受师资质量和课程性质的影响，职业教育中的专业课程并非都适合迭代思维教学。一般而言，最好能选择在办学时间上有一定跨度的专业，这样课程能有一定的沉淀。另外，契合数字经济时代的背景，课程信息化程度较高的课程更适合迭代思维教学。此外，学科之间也可以根据具体的教学资源，合理组织跨学科的课程教学内容

---

①② 黄琳. 将迭代思维融入高职"工匠精神"课程建设的创新思考 [J]. 考试周刊，2017 (31)：2.

的设置。

二是分段设计课程内容。将课程内容设计为不同阶段，合理分配知识点与技能，在每阶段的教学当中，让学生掌握知识技能，并在不同阶段的教学间，把握技能点在每个阶段个性与共性的关系。这一步骤也是迭代思维课程构建中最有挑战性的一部分，将直接牵涉课程的最终质量和效果。课程建设方案设计者应合理设置迭代次数与课时的配比以及每次迭代的课程内容。一般而言，所选的课程内容选定为较开放的课题，有助于迭代变量发挥每次的参与价值。

三是测试与反馈课程成果。就课程本身而言，纵向跨度随着课程项目的推进、迭代变量的更新，师生之间共同完成课程分解项目，教学效果逐渐接近教学目标。就课程模式建立之后不同班级推广下的反馈，横向跨度总结学生和老师的反馈，调整和改进课程。通过多次测试与反馈，使课程逐渐趋于合理、科学、完善。

二、运用迭代思维创新职业院校教学培训内容

迭代思维在教学培训内容层面的应用，要做到教学培训内容支持培训项目设计的力度最大化。为此，应从以下四个方面来进行系统设计。

一是确定教学内容。这项工作是以项目组为主导的，融合专业教师、企业、学生意见以及专业系统化知识，完成对教学培训内容的确定。确定教学培训内容的过程是一个不断迭代的过程，需要通过每一次实施，完成一次迭代，不断调整项目内容，来做到项目内容的最优化。

二是监控教学培训过程。首先，在整个教学培训过程中，项目组要做到全程听课，以便观测授课教师的上课反应及表现、学生课上的反应；其次，课后要及时与学生座谈，全面了解学生对教学培训内容的感受及真实反映，最后，结合自身听课的评价，通过各个方面的监控和反馈，做好迭代思维的应用，助力项目内容的优化。

三是总结优化教学培训结果。教学培训实施后开一场总结会，是做好项目优化的重要手段。要充分利用好每一次教学培训后与企业双方的总结会，全面掌握企业对整个教学培训项目实施的反馈，同时结合每一次调查问卷分析、企业的反馈和项目组在整个监控过程中的总结，完成教学培训后总结的迭代过程，从而做到对培训内容的改进和优化。

四是教学培训后的改进。在完成前述三个过程的基础上，还需将改进后的教学培训内容诸如授课内容、案例、课程互动等在教学培训过程中落实，并与授课老师沟通，甚至通过开发新课程来实现改进，从而保证以终为始的迭代，以满足企业的人才需求。①

三、运用迭代思维创新职业院校思想政治教育

信息化带来的变革虽然让信息传播速度更快、信息传播渠道更广了，但也让媒体内容越来越同质化。信息化带来的变革同样影响了信息的受众，受众对信息的需求呈现出碎片化、分众化。这给思想政治教育主体带来了影响，必须不断为受众产出与其浏览爱好、阅读时间等条件都相匹配的优质内容，这样，才能吸引目标受众，提高用户黏性。

教育主体在开展思想政治教育时，要以用户的需求为教育内容生产的第一出发点，利用新媒体如移动客户端、微博、微信等产品，为受众提供精细化、差异化和分众化的内容信息，为各类新媒体平台生产与之相匹配的新媒体产品，让思想政治教育的内容在适应各类平台要求的同时满足不同受众的个性化需求。

迭代思维不断求新、积极求变、快速反应、精益求精的特点，使之可以创新职业院校的思想政治教育工作。遵循迭代思维，可以增强思想政治教育的创新性和创造力。

思想政治教育要顺应时代的发展，充分利用新技术展开工作。但现实的

---

① 高媛媛，胡晓荣．迭代思维在培训工作中的应用 [J]．港口装卸，2016（3）：49－52.

问题常常是，当教育者刚开始使用微博的时候，学生已经开始使用微信了；当教育者开始利用微信公众平台开展学生思想政治工作的时候，学生已经玩腻了微信公众平台，去短视频平台看直播了。对于这种快速迭代的现实情况，迭代思维不是选择还是不选择、多用还是少用，或者什么时间用的问题，而是人人都需要运用迭代思维来应对这种改变。

运用迭代思维创新职业院校的思想政治教育工作，需要施教者审时度势，将内容及其传播方式有效融入思想政治教育中，结合思想政治教育的内容、载体、方式方法开展工作，在思想政治教育上做好"早"和"快"的文章，才能做到不被抛弃、不被放弃。例如，在引导网络舆论的工作中，需要施教者根据数据经济时代职业教育转型的战略，研究把握网络舆情的传播发展趋势和演变规律，研究把握青年学生的网络思想行为特点，改进创新网上宣传方法和策略，科学运用战略战术。具体来说，要围绕时代主题，紧盯人们普遍关注关心的热点、痛点问题，快速设置新议题，先声夺人，深入开展网络舆论引导，并实时把握好网上舆论引导的时机、分寸和效果，促使人们在思想观点上发生转变，而这也是最根本的转变。

第七节　运用社会化思维提升职业教育吸引力

互联网思维中的社会化思维，倡导开放、参与、分享、创造的理念，强调的是对大众智慧的利用和调动。将社会化思维运用于职业教育中，关键是"网"，要依托网络做好职业教育的宣传工作，以提升职业教育在社会大众中的吸引力。

一、网络时代信息传播"口碑为王"的特点

网络时代的信息传播方式有其自身的独特性和优越性。互联网的发展让

信息逐渐去中心化，打破了传统信息不对称的情况，如今，每个人都能成为信息传播的节点。发声渠道也不再限于传统的大众媒体，每个人都能在互联网平台上发布自己的想法和传播感兴趣的信息。在互联网平台上，只有优质内容才能吸引受众的关注，这造就了互联网信息传播"口碑为王"的特点。

在网络时代，信息逐渐从不对称变为对称，信息传播去中心化，每个人都可以成为信息传播的节点。人们对事情的判断和了解，不再仅听大众传播媒体是怎么讲的，更重要的是看参与其中的个人的感受是怎么样的。有人将大众口头上的称颂特点概括为"口碑为王"，不可谓不准确。

在信息传播"口碑为王"的时代，职业教育领域依然存在社会关注度不高和吸引力不足的问题，其中的一大重要原因就是宣传工作没有做好。因此，职业院校要在理解网络时代信息传播特点的基础上，采取切实可行的方法，加强网络时代的职业教育主题宣传工作。

二、运用社会化思维做网络时代职业教育宣传

网络时代职业教育的宣传，需要深刻理解网络时代信息传播的特点，运好社会化媒体，让口碑成为吸引学生报考、大众好评的主要动力。

在现实传播中，职业教育不仅要有严谨、正式发布的内容，而且要有让人们感兴趣和接地气的内容。例如，职业院校可以通过宣传本校故事或校友正面案例等，利用新媒体平台和社交媒体扩大传播效果，提高职业院校的知名度。

另外，宣传的语言要大众化，通俗易懂，容易记忆。例如，有的网站上有这样的标语："千苦万苦，没有技能打工最苦；七算八算，读职业学校最划算""要致富，学技术，职业教育是门路""不挤高考独木桥，选择中职阳光道"，等等。

| 第六章 |

职业教育学科布局与知识体系变革

职业教育在我国教育体系中占据着重要位置，但由于各方面原因，我国职业教育学科布局不尽合理，知识体系不够完善。为了顺利实现转型升级，职业教育要进一步优化学科布局，加强知识体系建设，努力形成适应经济社会发展与人才需求的、特色鲜明的职业教育体系。为此，本章探讨学科布局和专业内容的调整，职业教育知识观的嬗变，构建职业教育学科知识体系，学生数字素养的培育等，希望有助于提高我国职业教育办学水平，增强服务经济社会发展的能力。

第一节　学科布局和专业内容的调整

学科是按知识的内在逻辑组织的知识体系，专业是按社会应用的逻辑组织的知识。学科布局和专业内容的调整工作在职业教育发展过程中具有举足轻重的战略意义，需要合理布局学科，强化学科建设；按照政策和现实需要，调整专业设置。本节将讨论这两个议题。

一、合理布局学科，强化学科建设

从当前现状来看，我国职业教育的发展还存在一些问题，如学科认同危机、缺乏学科特色等，这些问题早已成为学科发展道路上的障碍，我们应该认真对待并解决这些问题。要着眼国家重大战略和长远需要，推动多学科交叉布局，调整升级现有学科体系和结构，打破学科和专业壁垒，推进新医药、新农业等学科的建设，积极响应社会对高层次人才的需求。

以"职业教育学"为例，作为一门专业理论课，其主要学科内容是研究职业教育现象，分析职业教育问题，探寻职业教育规律。为了推进职业教育改革，国务院早在2019年印发的《国家职业教育改革实施方案》中就明确提出，职业教育与普通教育是两种不同教育类型，具有同等重要地位。在这种情况下，如果职业教育及其相关学科仍然被置于普通教育学学科之下，那么将与上述"方案"中对职业教育的定位背道而驰。因此，我们应将"职业教育学"作为教育学学科范畴或跨学科范畴的一级学科，设立"职业教育史""职业教育原理""职业心理学""职业社会学"和"职业教育管理学"等二级学科。

在合理布局学科的同时，也要加强学科建设。

首先要做的工作就是加强系统理论研究，完善外部制度规范。一方面，不断提高职业教育学术水平，关键是要从观点研究转向理论研究，逐步聚焦和深化，形成和巩固理论体系。因此，有必要在学术界达成共识，积极倡导深入的理论研究。另一方面，建立内外部组织体系的互动机制。在促进内部知识体系发展和理论体系建设的同时，也为专业研究机构、学术交流平台和资源提供支持。例如，建立职业教育研究机构之间的合作机制，促进学术共同体的培养；建立职业教育科研出版物分类管理制度，建立健全学术评价机制和质量保证体系，完善学科研究学术规范。

其次要做的工作就是突出学科建设，促进人才整合。要在"双高计划"

建设和高职本科教育稳步发展的背景下，学科建设应利用各学校独特的资源优势，实现与相关特色专业的交叉融合发展，形成新的学科生长点，实现学科发展的双赢。在学科定位方面，研究型学校要基于各学科的特点和研究型学校的培养目标；在学科招生方面，二级学科要扩大学科人才培养结构；在学科人才培养方面，要充分利用其他专业院校的培训设施，与其他专业院校建立立体合作框架，有效促进学科人才的复合式成长。

二、按照政策和现实需要调整专业设置

教育部于 2021 年 3 月 22 日印发的《职业教育专业目录（2021 年）》（以下简称《目录》），是国家为全面落实"十四五"规划和 2035 年远景目标而作出的战略部署。《目录》面向集成电路技术、生物信息技术、新能源材料应用技术等重点领域，服务国家战略性新兴产业发展，此外，回应社会民生关切，加强紧缺领域人才培养，如设置婴幼儿托育服务与管理、智慧健康养老服务与管理等专业。

教育部还在关于印发《目录》的通知中提出了三项要求，即"优化专业布局结构""落实专业建设要求""做好新旧目录衔接"。同时强调指出，专业目录是职业教育教学的基础性指导文件，是职业院校专业设置、招生、统计以及用人单位选用毕业生的基本依据，是职业教育类型特征的重要体现，也是职业教育支撑服务经济社会发展的重要观测点。各地要结合地方实际，加大宣讲解读，严格贯彻落实，不断深化职业教育供给侧结构性改革，提高职业教育适应性。

据相关机构的分析数据，目前全国职业院校共开设了 1300 余个专业，覆盖了国民经济各领域，专业布点 10 万多个，每年培养 1000 万人左右的高素质技术技能人才。在现代制造业、战略性新兴产业和现代服务业等领域，一线新增从业人员 70% 以上来自职业院校毕业生，职业教育社会认可度显著

提升。① 从这个分析数据可以看出，我国职业教育院校专业设置具有极为重要的社会意义和巨大的经济价值。

按照《目录》的要求，职业教育院校的专业设置与内容调整，须按照《目录》这一国家政策去对接现代产业体系，服务产业基础高级化及产业链现代化。

《目录》围绕新兴产业、新基建、新业态、新职业，重点布局了以下八大领域。

一是服务国家战略性新兴产业发展，面向九大重点领域，设置对应专业。例如，设置集成电路技术、生物信息技术、新能源材料应用技术、智能光电制造技术、智能制造装备技术、高速铁路动车组制造与维护、新能源汽车制造与检测、生态保护技术、海洋工程装备技术等专业。

二是服务现代服务业重点领域设置对应专业。例如，促进生产性服务业向专业化、价值链高端延伸，设置供应链运营、智能物流技术、数字化设计与制造技术等专业；回应社会民生关切，加强紧缺领域人才培养，设置婴幼儿托育服务与管理、智慧健康养老服务与管理、现代家政管理、冰雪运动与管理、石窟寺保护技术、职业病危害检测评价技术专业。

三是服务产业链供应链现代化水平提升，传统专业升级与新兴专业增设有机结合。例如，面向防务航空装备与国产大飞机生产，系统设置覆盖航空装备全周期的航空复合材料成型与加工技术、航空发动机制造技术、航空智能制造技术、飞行器数字化装配技术、航空发动机维修技术等专业；服务国家质量基础设施建设，设置标准化技术、工业产品质量检测技术、计量测试与应用技术等专业。

四是服务新型基础设施建设设置相关专业。例如，服务第五代移动通信、工业互联网的建设，设置现代移动通信技术、工业互联网技术等专业；服务智慧交通，设置智能交通技术等专业，服务智慧能源系统建设，设置水利水电工程智能管理、智慧水利技术、分布式发电与智能微电网技术等

---

① 吴月. 全国职业学校开设1300余个专业 [N]. 人民日报，2021 - 03 - 25 (14).

专业。

五是服务数字产业化和产业数字化发展，设置大数据技术、云计算技术应用、人工智能技术应用、嵌入式技术应用等专业；服务信息安全，设置信息安全技术应用、密码技术应用专业；全面推进各领域相关专业的数字化改造。

六是服务乡村振兴战略实施，设置现代农业经济管理、农村新型经济组织管理、休闲农业经营与管理、饲草生产技术、禽畜智能化养殖等专业；服务国家粮食安全保障，设置现代种业技术、粮食储运与质量安全等专业；服务绿色低碳发展，设置绿色低碳技术、智能环保装备技术、水环境智能监测与保护、资源综合利用技术、生态环境修复技术等专业。

七是服务国家治理能力提升，对接国家应急管理体系建设，设置应急救援技术、安全智能监测技术等专业；对接社会治安防控体系建设，设置智能安防运营管理、数字安防技术、安全保卫服务等专业；服务加强和创新社会治理，设置智慧社区管理、党务工作等专业。

八是服务新业态、新职业，补齐人才短板。例如，服务文化旅游新业态，设置定制旅行管理与服务、民宿经营与运营专业；针对装配式建筑新业态和"装配式建筑施工员"新职业，设置装配式建筑构件智能制造技术专业；针对"区块链工程技术人员""区块链应用操作员"新职业，设置区块链技术应用等专业；针对"全媒体运营师"新职业，设置全媒体电商运营、全媒体广告策划与营销、网络直播与营销等专业。

以上是按照政策要求来调整专业设置，而按照现实需要进行调整则是各个职业院校在政策方向指引下，根据产业、企业等实际需求，并根据自己的实际情况做出的调整，这属于职业教育知识体系变革的一个实质性问题。这里有一个很好的例子不妨研究一下，就是深圳职业技术学院的"专业数字化转型行动"。

深圳职业技术院校为了应对数字经济时代的新机遇和新挑战，研究出台了《专业转型升级行动方案》，该方案以数字化转型为重点，以专业群建设为抓手，旨在推动以人工智能、区块链和大数据等为代表的新专业、新技术融入职业教育，为社会培养输送能够满足数字经济时代所需的高素质、高技能型人才，为深圳的经济社会高质量发展、中国特色社会主义先行示范区建设和实现中国特色世界一流职业院校建设目标提供有力支撑。

其具体改革措施主要围绕以下方向进行。

一是深圳职业技术院校在专业结构方面的优化。通过编制学校《专业发展"十四五"规划》，规划中确定了院校"改造传统专业，拓展新兴专业，打造品牌专业"的发展思路，通过改造学科专业布局，与产业形成了紧密对接。学院通过进一步完善专业群建设，让相关专业准确对接产业链和岗位需求，提高了院校人才输出的多样性和准确性。

二是深圳职业技术院校在专业内容方面的转型升级。为适应时代发展需求和提升院校专业的核心竞争力，院校提升了人工智能领域专业的课程建设，以期培养出人工智能领域专业的高素质、高技能型人才。院校推动了传统领域专业的数字化转型，让传统专业与数字化结合，拓宽了学生的知识技能边界，使其更能适应时代发展。院校通过迭代的方法完善了专业教学标准，另外，通过完善专业预警和动态专业调整机制，建设"产教融合"的共享平台，培养能够适应时代要求的知识型和创新型人才。

三是深圳职业技术院校在课程体系方面的转型升级。深圳职业技术院校十分重视数字素养和人工智能领域，将这两大领域的内容纳入通识教育课程。院校还通过开发模块化的专业群课程体系和深化专业教育课程，对接产业和企业岗位的能力需求来选择课程内容，实时将产业中的新技术、新规范纳入专业教育。

四是深圳职业技术院校在实践教学方面的转型升级。院校通过优化课程实践、实训学习、跟岗学习、顶岗实习、科技创新和社会实践等教学环节，完善优化了实践教学的内容体系。院校通过改造和建设高水平的校内外实训基地，让学生能够在模拟企业真实生产环境的任务式教学中得到实践。通过开发设立各类学生技能大赛，引领教学并促进学生职业技能和创新能力的养成。

五是深圳职业技术院校在教学资源方面的升级。通过建立教学资源库，以专业群为架构进行统筹设计，实现公共资源在群内共享，提升了专业教学资源库的容量。同时，教学资源库的数字化水平也得到了提高。除了传统的文本、图形和音频等教学资源外，数据库着重提升了视频、演示动画和模拟仿真类资源的收录。院校还根据课程梳理了"知识图谱"，在知识图谱的基础上建设起支撑标准化教学的课程资源，并开发出了一批以数字化内容为主的新教材。

六是深圳职业技术院校在师资力量方面的优化。对教师进行强化能力的培训是首要任务，在数字时代，教师们要拥有数字化思维能力，院校要加强教师们数字化授课能力的培训，实现教师多元知识结构和技能的掌握。院校还加强了教学创新团队的培育、评选和考核工作，研发并推进模块化教学和协作式教学，推动教师教学方式的转变，让教师们从单一授课的方式转向教学团队的分工协作。深圳院校为了提升"双师型"教师队伍建设水平，将"双师型"教师个体成长和"双师型"教学团队建设相结合。另外，院校还注重引进高端人才，注重在教师队伍中增加新生力量，即使是兼职教师也能为师资队伍增添新的活力。

七是深圳职业技术院校在教学模式方面的转型升级。"线上教务处"的建立让传统的教学指挥中心变得智能化，这不仅提高了院校教学管理的效率，简化了日常办公所需的时间，也提升了师生们的满意度。通过构建虚拟的互动式、应用型和跨界型的数字化课堂，让智慧教学环境得以落地。智慧教学环境的建设使智慧教学平台得以实现，智慧教学平台能够为学生提供以自己为中心的个性化教学模式，学生可根据自己的情况选择学习方法和进度。

八是深圳职业技术院校在质量评价方面的转型。通过建立智能化的测评分析、反馈和督导评估系统，完善院校内部的质量保证体系。完善优化课程考核的方式方法，让多种评价方法相结合，进一步优化专业和课程的诊改方法，将转型升级作为专业和课程诊改的重要内容。

从上述各项专业调整的具体内容来看，深圳职业技术学院的做法不仅反映了该学院紧跟科技发展潮流的前沿意识，也反映了该学院对接区域产业发展需求的开放思维。同时，该学院专业群的意识也很强，这无疑有助于推动学院各个专业的集群式发展。该学院的经验表明：职业教育的专业转型升级要适应地方产业、战略新兴产业和未来产业的发展需要，紧跟新技术、新业态、新产业、新模式，抢先筹建与未来产业相对应的新专业，重点发展与战略新兴产业相对应的专业，大力发展与支柱产业相对应的专业。这些都是其他职业院校足资借鉴的宝贵经验，值得大力推广。

第二节　职业教育知识观的嬗变

知识观指的是怎样理解知识，对知识抱有怎样的态度。职业教育的知识观在基于职业院校的教育中占据着主导地位，院校的人才培养方案、专业设置课程与教材体系开发与建设都以此为据。随着科技的进步和企业生产方式的数字化变革，职业知识统领职业教育知识观的局限性逐渐凸显。知识观强调人才培养的可持续性和学习的终身化，对于培养什么样的人才具有很强的指导性，也直接关系到人才培养的方式方法和质量。基于此，职业院校应转变教育理念，打破既往工具理性的桎梏，树立正确的职业教育知识观，以加强对学生可持续发展能力的培养。

就已有的研究来看，《学校到底教什么：职业知识的知识观探析》一文提出，职业教育应以知识本位知识观为指导进行人才培养；《试论职业教育课程改革的理念转变》一文主张，应从知识本位知识观转为发展本位；《职业教育知识的再审思——基于社会知识论的分析视角》一文指出，职业教育知识观"不应拘泥于社会经济决定论的单向度思维"，而应以培养"整全人的本真"为目标。以上表述虽然各有不同，但目前可以肯定的是，技术知识应该成为职业教育知识观新的指向。本节将分析技术知识的基本内涵，简述职业教育知识观的演进脉络，并在此基础上深入讨论职业教育知识观的建构。

一、正确理解"技术知识"

人们对于知识的认知始于柏拉图，他在其著作《泰阿泰德篇》中给出了一个经典的回答：知识是"被确证的真信念"。18 世纪第一次工业革命以后，人们的这一认识渐渐转变，人们发明了"技术"一词，把"技能"和"理性"结合到一起，即把技能和系统的、科学的知识体系进行融合。人类认识到自身的行动者身份，技术技能开始属于知识的范畴，知识在技术领域的内涵流变随之而来，"技术知识"的概念也应运而生。

事实上，无论是在实践中还是在理论上，都显示了技术与知识的关系是紧密结合的。首先，技术并非简单地对科学的应用或对简单经验的归纳总结，而是经过人类理性思考的产物，是区别于科学知识的自成一体的知识体系，所以技术是理性的产物；其次，技术经过实践证实的，也就是说，技术是人类通过实践活动对过去的经验进行总结后提炼出的原理性知识，用以指导人类行动，并在后期的实践中不断证实和完善。

技术是知识的类型之一，不过需要说明的是，作为知识的技术在本质上是区别于科学知识的，具有其自身的独特性。科学知识是关于"是什么"和"为什么"的知识，技术知识是关于"做什么"和"怎么做"的知识。正因为如此，技术知识一种理性的、后验的、反映主体价值取向的知识。换句话说，技术知识的获得是一个从抽象到具体意会再到言传的过程，这也恰恰是职业教育知识体系得以建构的关键所在。

二、职业教育知识观的演进

职业教育知识观最初关注的是职业知识，后来关注的是学科知识，再后来关注的是技术知识。关注职业知识始于美国实用主义哲学家约翰·杜威，他认为民主社会需要基于经验的知识。《从"技艺经验"到"技术知识"：职业教育作为"类型"的知识论逻辑》一文认为，杜威的这一观点是促使杜威的知识论成为学界公认的职业教育哲学基础。关注学科知识始于捷克伟大的民主主义教育家扬·阿姆斯·夸美纽斯，他是公共教育最早的拥护者，提出了"所有人都应当学习一切知识"的观点，为职业教育知识的学科化和体系化提供了重要支撑。关注技术知识是随着工业化水平的不断提高而出现的，因为时代对于产业工人复合型能力的需求越发强烈。目前，学界对于技术知识已逐步形成了较为完整的职业教育知识体系框架，从知识的构成来说，技术知识涵盖的内容众多，包括职业知识、理论知识，以及技术实现的知识即过程性知识和方法性知识。

知识和技术都是理性的产物，它强调面向工作过程和职业生涯的学习，即不仅要服务于工作岗位，也强调个人职业生涯发展和终身学习能力的习得。基础性技术知识、复合性技术知识、系统性技术知识、应用科学知识、社会技术原则构成了技术知识的逻辑，前三者属于技术本身的知识，后二者则属于技术外围的知识。《职业知识的工作逻辑与职业教育课程内容的组织》一文指出，技术知识不像科学知识一样容易归类和编码，它与活动联系紧密，是具有情境性的。目前，情境性原则已经成为职业教育教学理论的重要组成部分。

三、职业教育知识观重构路径

重构职业教育知识观首先需要定位人才培养的目标。职业教育的人才培养定位是面向生产、服务、建设和管理的一线岗位，能运用自身综合能力解决复杂问题的高层次、复合型技术技能人才。

除了明确人才培养目标定位、重构教育知识观，还强调注重职业教育的课程与教材开发。据麦肯锡全球研究院预测，到 2030 年，"对高认知技能、社会和情感沟通技能、技术技能的总需求将新增 2360 亿工时，平均到每个劳动者约为 40 天"。这意味着传统职业教育的人才培养目标需要作出调整和改进，职业教育的人才培养模式不能再局限于本专业的职业知识和技能，职业教育要实现多元化和复合化的知识教育体系。因此，职业教育人才培养应以专业知识和技术为基础，将职业知识、理论知识、技术实现的知识即过程性知识和方法性知识三者组合起来，从而实现产业工人更加完整的知识体系建构，并依据政策文本进行教材开发。

《职业教育根本问题新探：技术哲学视野下的省思与构建》一书中提出，为了实现科学知识与技术知识整合的目的，职业教育课程的开发主体应由课程专家、企业或行业专家以及职业院校的教师共同组成。

做好师资配备也是重构职业教育知识观的重要一环。教师是教学实践的践行者，提高教育质量先是提高教师质量及其教育管理质量。为了优化职业学校教师队伍结构，首先要优化师资配比，按照《国家职业教育改革实施方案》中明确指出的"多措并举打造'双师型'教师队伍"的实施方案来执行力；其次要引进一批高质量技术学理论课程教师，让他们参与教学；最后要加强已入职教师的再培训，以期实现教师自身学科能力和教学能力的不断提升。

重构职业教育知识观也要注重采用情境式学习方式。《技术知识观视角下的高职专业课程改革》一文认为，当代技术知识在内容结构上呈现出"理论性、普适性、社会性、明言性不断减弱，而经验性、情境性、个体性、难言性不断增强"的趋势，这对职业教育的情境教学提出了更强烈的需求。

随着时代发展和技术变革，职业教育的授课环境也应跟随时代脚步，为了帮助学生更好地学习知识，院校应加大力度建设情境式教学环境。为了弥补院校在资源上的短板，在新教学环境的建设中，可以与企业共同合作，多元主体的协作不仅能汇集各方优势资源，也能构建起最接近企业一线生产模式的教学环境。

第三节　构建职业教育学科知识体系

职业教育学科知识体系的构建，不仅要以学生所学专业为出发点，还要结合学生所学专业方向的特点和行业发展的趋势，同时，还要考虑到院校自身情况和优势资源来开发适合本专业的职业教育专业体系。

职业教育作为一种类型教育，本身是自成体系的，因而职业教育学科知识体系的构建必须适用于成体系的职业教育的所有学科。现实中很多相关方法，本节列举以下几个较有特色的体系构建方法供参考。

一、构建"本科＋技师"的职业教育体系

职业教育体系在"本科＋技师"的人才培养目标方面，要求学生具有深厚的理论基础和高级技术应用能力。在课堂教学内容中，学生需要学习公共基础知识、学科基础知识和专业课程知识。在实践课程方面，结合专业技能、模拟实验、技能训练、毕业设计、毕业实习等课程，培养既有深厚理论基础又有高级技术应用能力的人才。

二、构建"问题导向"的教育职业理论体系

职业教育的目的是满足学生个人就业需要和企业用人的客观需求，因而职业教育偏向于多学科的综合性研究。职业教育理论体系中所存在的问题具有不稳定性、开放性等特点，因此，用传统高等教育的方法进行划分和界定处理是不适用的。在构建教育职业理论体系中，要根据具体问题进行具体分析，这样培养出的人才才能具备解决问题的能力。

三、构建"教学练做"一体化的课程体系

职业教育构建"教学练做"一体化的课程体系，除了突出职业教育特点的基础外，还要保留传统教育中的全部优点，更要注重学生"练+做"的能力。职业院校通过和企业的合作，将课程教学和企业一线生产实践相结合，再将职业教育课程的知识体系分解成项目和任务，以学习型的项目和任务为载体并组织教学，通过职业院校和企业合作构建以技术应用能力为培养目标的课程体系，建立起"教学练做"一体化的课程体系。

四、构建体验式素质教育知识体系

建构体验式素质教育知识体系，可以建立强调基础素质、职场素质和创新素质的以教学方式多样化、教学内容多元化为特征的课程，以突破和改进传统"理论+实践"的职业教育课程体系。以体验式素质教育知识体系为载体，将教学和实践融为一体，形成开放式和交互式的综合素质训练课程体系，在提高学生职业能力和学习兴趣上有很大的作用。

五、构建服务于地方经济的职业教育体系

职业教育的目的之一便是支持地方经济体系的发展，但目前职业教育体系与地方经济体系的融合还存在问题。因此，职业院校应当分析所在地方经济的特点，创建与地方行业有效衔接融合的职业教育体系。通过深化校企合作、职业教育体系改革、优化师资队伍水平来构建多元化办学格局。

第四节　学生数字素养的培育

美国新媒体联盟发布的《NMC数字素养战略简报》将数字素养定义为：

"人们在访问或是创建数字资源过程中，应该具备了解、理解、诠释和使用数字资源的能力。"数字素养是使用数字技术安全合理的访问、管理、理解、整合、呈现、评估和创建信息的能力。随着数字经济和数字社会的发展，数字素养已经成为社会公民生存的基本能力，因此，职业教育应革新发展思路，将数字素养作为人才培养的重要目标和内容，从而提升学生的就业能力和就业竞争力。

一、数字时代学生数字素养的要求

所谓数字素养，其中数字是与数字技术相关的，而素养则与素质和能力有关联。可以说，数字技术加素养构建了"数字素养"。

数字技术并不是一种单一的技术，而是多种数字化技术的总称，其中包含但不限于：人工智能、大数据、区块链和云计算等。数字技术是与计算机技术相生相伴的科学技术。数字技术的定义为：借助一定的设备将图、文、声、像等各种信息转化为电子计算机能识别的二进制数字"0"和"1"后进行运算、加工、存储、传送、传播、还原的技术。因为在其运算、储存和传播等环节要借助计算机对图、像等信息进行编码、压缩和解码等，因而称之为数码技术、计算机数字技术等。

数字技术的高速发展与应用可以让整体经济效率得到大幅度提高，随着数字技术的普及应用，诞生了众多与数字技术相关的岗位，这些新职业和新岗位对人才的需求量也日益提高。为了迎合时代发展，职业教育应当重视学生数字素养的提升，在培养学生数字素养时要注重其基础素养、专业素养和核心素养的全面提升。

基础素养、专业素养和核心素养分别包含了不同的数字能力标准。

一是数字素养中的基础素养。所谓基础素养，是要让学生具备数据意识，能够分析出数据是否有用和其价值如何。学生要掌握基础的数字工具和相应的准则，能够运用数字技术进行基本的访问、续写和计算。运用基本数字语言进行沟通交流的能力和数据管理运作能力也是学生应掌握的基础素养。基础素养有着较强的稳定性和适应性，不会轻易随着时间和环境的变化而发生变化。基础素养是衡量学生数字素养综合水平的关键，也是数字素养的基础，因此，职业教育在数字技能教育中要注重学生基础素养的培育。

二是数字素养中的专业素养。所谓专业素养是指在专业学科内运用、操作、改进和再造特定数据技术的特殊技能。专业素养的基础是基础素养，其是基础素养基础上的提升和外延拓展，学生的专业素养包括了专业数据知识、数据技术运用能力和开创性思维等能力，专业素养是学生数字素养的重点，是数字技能竞争力的关键，提高专业素养能让学生的数字思想得到跨越性提升。数字经济时代背景下，社会和企业需要新知识和新技能，提升专业素养对应对未来岗位转型升级有着重要意义。

三是数字素养中的核心素养。所谓核心素养是指在应用数字技术的过程中，在复杂的社会和工作环境下所形成的态度、立场和价值观。核心素养通常包含了一个人的眼界和胸怀、敬业精神和民族精神等，主要是道德品质方面的素质。核心素养对一个人具有导向作用，也是一个人洞察力的表现。核心素养会影响学生的一生，职业教育院校在培养学生时，要注重这方面的培育。

二、面向未来的学生数字素养策略

职业院校将数字素养纳入其培训计划和课程，但不一定了解这些数字技能如何在学生未来的工作场景中发挥作用，也不一定了解学生毕业后如何使用这些数字技能。例如，当前社会招聘需要哪些数字技能和文化素养？今天的劳动力市场更看重什么样的数字素养和能力要求？这会导致职业院校的人才培养计划滞后于快速发展的技术需求和由此产生的能力需求。只有职业院校了解当前数字环境下企业对员工能力的需求，才能为学生未来的能力发展构建数字素养提升战略。因此，职业院校应认清适应未来工作需要的能力发展战略，加强数字素养与未来工作能力的结合，从培养和实践基本的数字素养能力入手，培养学生的终身学习理念和实践意识，提高数字素养，为学生就业后数字素养的提高开辟渠道。

第一，重视能力建设，满足未来需求。当前的社会已经从"劳动社会"转变为"知识社会"。学生未来面临的工作环境发生了很大的变化，其对劳动能力提出了更高的要求。职业院校应主动了解能力发展，以满足未来工作的需要，并根据未来需要调整数字素养培训的策略和内容。在预测就业前景时，世界经济论坛指出，未来的专业人士需要具备基本技能，例如，解决复杂问题的能力，管理人力、财力和其他资源的能力，情感管理、协调、谈判、服务、培训和教学等社交技能，分析、判断及全面决策的能力，以及设备的维护、操作、质量控制、用户体验设计和故障排除等技术技能。随着新兴技术的发展和工作场所需求的变化，雇主也在基本技能的基础上对员工提出了新的技能要求，如解决复杂问题的能力、批判性思维能力、创新能力、人性化管理、与他人合作的能力、判断和决策能力、服务导向、谈判能力、认知灵活性等。雇主对员工问题解决能力、批判性思维、协作能力、创新能力、沟通能力等方面的需求可以整合到数字素养培训中。因此，只有深入研究数字素养与未来工作的关系，才能将基于未来能力发展的技能及时嵌入高等教育的数字素养培训中。

第二，将数字素养学习与未来工作能力相结合。在未来的工作场所，工作岗位与技术的结合将更加紧密。雇主正在寻找思维敏捷、愿意在工作中不断学习以满足职业发展需要的候选人。学习者在职业院校学习数字素养课程的经验有助于将这些技能和知识转化为劳动能力，更容易获得职业成功。职业院校数字素养能力的发展也为学生提供了前进的动力，并鼓励他们在未来的职业生涯中保持不断探索的精神。由于数字技能培训包括学习新的软件和硬件、解决技术问题、处理大数据、解决数字团队的问题、创建媒体内容以及为特定行业或职业的相关技术发展数字思维，这些数字素养培训可以为学习者提供探索不同概念和开发新技能的能力，从而培养他们的终身学习能力。此外，就业市场随着社会技术需求的增长而发展。因此，职业院校在制订学生培养计划时，需要了解当前就业市场需求和未来的工作环境，提高学生的数字素养能力，使他们掌握各种媒体资源的手段和方法，增强学生的就业竞争力。

第三，进一步加强数字素养基本能力的培养和实践。数字素养的培养有利于数字技术的使用和发展。学生在本科阶段应具备的基本数字能力如下：理解视频、音频、图形、移动设备、移动应用程序、博客或电子书等数字格式内容；使用数字工具交流想法或讲述故事，如根据内容编辑和制作图片、音频和视频；熟悉与数字媒体使用相关的法律和安全知识。因此，职业院校应鼓励学生创作数字作品，找到创作作品的方法，形成自己的叙事方式，并整合网站制作；鼓励学生参与技术媒体实践、数字技能和知识应用，使学生具备数字素养的意识、能力和责任感；鼓励学生参与某种形式的数字研究和探索。特定的课程、项目或经验为学生提供了参与数字技能发展、开展项目协作、解决问题，以及使用技术收集和共享信息的机会。在职业院校接触数字素养的学生将逐步发展使用数字工具解决问题的能力、与他人合作的能力和创新能力。

第四，培养学生终身学习的理念和实践能力。终身学习是个人职业发展的关键。职业院校提高学生的数字素养，培养学生的终身学习意识和能力，对保持学生未来的学习动机和职业适应能力起着关键作用。职业院校应鼓励毕业生掌握自主学习方法，树立终身学习的理念并提高其能力。

第五，为进一步提高数字素养开辟渠道。职业院校不仅要注重为学生提供基本的数字素养培训，探索学生数字素养能力与就业能力的关系，注重学生终身学习理念的培养，还要积极为毕业生就业后提高数字素养开辟道路。根据培训生态的变化，职业院校应积极探索多元化、差异化的发展道路，结合工作实践探索丰富有效的培训内容和形式，紧密结合技术发展，促进技术与教学的深度融合，开发支持多种表现形式的网络课程和混合课程；注重未来工作者软技能的发展，强调抽象思维与形象思维的协调发展，通过创造不同的培训内容，帮助学生拥有新的技能和创新思维；随着学生自主学习能力的提高，探索和尝试多种手段、不同形式、灵活的自主补偿认证体系。

第七章

打造数字化"双师型"师资队伍

数字化"双师型"师资队伍建设是职业院校特色发展、高质量发展的关键，也是职业教育的现代化发展之路。"双师型"教师就是既能讲授数字化专业理论又能指导学生数字化实践的教师；数字化"双师型"师资队伍指的是拥有多年数字化工作经验和丰富的数字化教学经验的教师团队。本章从教师教育思维能力的现代化、提升教师的数字化能力、教师社会关系的现代化适应这三个不同的角度进行探讨，旨在为打造数字化"双师型"师资队伍带来启示。

第一节　教师教育思维能力的现代化

打造数字化"双师型"师资队伍要求教师教育思维能力的现代化，只有教师率先实现教育思维能力现代化，才有可能成为"双师型"师资队伍中的一员。

教育思维能力现代化的关键在于思维方式，思维方式是人们对客观世界的反映、认识，是在实践过程中所表现出来的较稳定的独特风格和方法，对一个人思维能力的高低具有决定性作用。就职业院校教师个体而言，现代信息新技术对教师教育思维能力有着极大影响。可以这样说，教师教育思维能力现代化的一个重要标志就是教师能够重视和使用现代新技术，利用现代新技术创新教育教学。

为了更好地应用现代新技术改革教学方式，职业院校的教师有必要考虑运用设计思维，因为教育不仅是一门系统科学，还是一门设计科学，而设计思维也是教师教育思维能力发展的新生长点。据此，本节将探析如何发展职业院校教师设计思维的问题，从"设计思维"这个侧面为教师教育思维能力的现代化提供借鉴。

一、发展设计思维，运用设计思维指导教学

在讨论这个问题之前，我们先来看看教师的设计思维究竟是什么。

对于教师来说，首先，设计思维是一种思考问题的方式，以学生为中心，专注于思考学生的真实需求，依赖全脑思维，对自身专业技能、教学实践和设计决策进行不断思考，使自己思考问题和教学的能力在迭代循环中进行螺旋式的上升与优化。其次，设计思维是一种创新教学设计的辅助手段，在设计思维的指导下，能够丰富教师的教学设计理念，也能够促进教师运用多样化的思维视角、观点和问题解决思路来不断对教学方案进行设计与改进，并在教育实践中不断反思、修改、完善所构想的解决方案，提高教师的教学设计水平，从而使学习者获得好的学习体验和学习效果。最后，设计思维是一种知识创造的能力，设计思维引导教师发现知识与现实问题之间的差距，从而通过不断构建、生成、创造新知识来解决现实复杂的教学难题。

教师教育思维能力的现代化体现在发展设计思维上，要求教师运用设计思维指导教学。事实上，在教学中，教师是设计师，而教学设计就是教师设计思维的落脚点，在设计思维视野下，能够有更多的方法和工具支持教师进行教学设计，能够开阔设计的思路，并且设计思维对于教学流程再造、反复探

究教学过程具有非常强的指导性和应用价值。例如，斯坦福大学创造的目前应用最广泛的设计思维模式，包括移情、问题定义、概念、快速原型和测试五个环节，该模式可以以任何一个环节为出发点，灵活地改变顺序，应用广泛。

二、发展设计思维，注重专业学习与提升

教师教育思维能力的现代化体现在发展设计思维上，要求教师的设计能力侧重于通过设计来发展专业知识，使这些知识具有创造性、流动性和适应性，并能够根据特定环境的需要进行调整。近年来，随着学习科学理论的不断发展，"基于设计的学习"以及"基于设计的研究"成为热点，以设计为基础的专业学习与提升已经成为促进教师专业能力发展的重要途径之一。

要注重专业学习与提升，就要在具体的教学实践情境中展开自我反思与学习，其基本内涵是教师设计学习任务，并与同事分析基于证据的课堂数据，从而自主地提升各方面的专业能力。在此过程中，教师的设计能力需要依靠自身的反思来提高，其中包括了教学方案的内容分析、课堂教学中的数据分析等。同时，来自教育专家的指导和同事之间的交流能够为教师的教学设计提供多元的意见和思路，也能激发教师的创新思维和反思能力，让教师在教学设计时有更加开放的心态。在教学方案的设计阶段，教师需要结合具体的教学环境来调整自己的思路，并将其具体化为方案。在最终的评价和反思阶段中，教师应该暂时脱离自己的视角，用旁观者的视角来审视整个教学过程和课堂实践情况。教师通过评估与反思后要检验自己的教学设计是否符合教学目标的预期，同时为下一阶段的研讨会提供数据和理论，为自己教学方案的进一步优化和改进提供支撑，从而在不断地改善中提升自己的设计能力。

第二节　提升教师的数字化能力

打造数字化"双师型"师资队伍需要提升教师的数字化能力，这是成为

"双师型"教师的又一项必备能力。

职业院校的教师和学生需要具备或者习得科学技术和职业技能，这是职业教育发展最基本的目标。职业教育教师想要实现更好的发展，必须不断提升并优化自身的专业技能。在这之中，数字化有着重要作用，数字化可以加速职业院校教师的专业发展，为完善职业院校教师的专业技能提供多重便利。

本节将阐述数字化"双师型"教师及其培养特征，同时建议从多个维度推进"双师型"教师的数字化建设。

一、数字化"双师型"教师及其培养特征

"双师型"教师指的是既具备职业教育教师的理论素质，同时也具备社会服务、技术服务等技能素质的复合型人才。"双师型"教师应该具有以下特点。

一是有"双证"。"双证"指的是"教师资格证"和相应的专业学历证书。有"双证"是成为"双师型"教师最基础的条件，意味着持证者既要有教育教学的理论水平和相应素质，又要有较为扎实的专业课理论素养和实践水平。

二是有"双历"。"双历"指的是教师既有在校园内教育教学的经历，又有在行业企业中第一线从事建设、生产、服务和管理的实际工作经历。

三是有"双能"。"双师型"教师不仅要具备专业理论教学的能力，还要具备将所教授的专业在实际生活中运用的能力，从而具备指导学生具体实践的能力。

四是有"双联"。所谓"双联"，就是既能联系学校学生又能联系相关行业企业。这就要求"双师型"教师不仅能走进校园，善于在教学过程中和学生沟通、交往，并协调和组织相关的学生活动；还能走进社会，拥有丰富的社会经验，善于与所教专业对口的行业企业进行沟通、交往、协调。

五是有"双观",所谓"双观",就是既具有先进的教育教学观念又具有崭新的行业企业发展观念。"双师型"教师在教学中应该秉持"以学生的发展为中心",具有强烈的培养学生终身发展能力的意识,并以之作为自己教育教学的最高目标;同时,又能够与时俱进,敏锐地把握行业企业的发展方向,高瞻远瞩地把握行业企业所需人才的能力和个性特质。

二、打造数字化教师,让每位教师拥有"超能力"

职业院校只有具有一支稳定的数字化"双师型"的教师队伍,才能够打造出自己的品牌教师、品牌专业,实现又好又快的发展。为此,打造数字化教师是必需的方式。数字化教师是指利用数字化办公软件平台,进行组织及班级的行政办公协同、教学教研沉淀分享、班级人员架构编辑维护、班级学生及家长事务管理、学生大数据决策分析、家校共育的在线化连接,使教师的办公、教学、教研、班级管理、家校沟通实现全面的数字化、在线化的教师。通过技术手段以及数字化赋能每一位教师,使其都能够拥有与时俱进的"超能力"。

数字化赋能是建设数字化"双师型"师资队伍的必要手段,那么如何培养具有数字化特征的"双师型"教师呢?一方面,要充分利用职业院校现有资源搭建教师实践平台,引导普通教师通过技能培训和企业实践转型为"双师型"教师;另一方面,要加强与企业的联系及长期浸入式的合作关系,邀请企业高层管理人员和一线工作人员为校外导师,不断扩充数字化师资队伍。在这个过程中,要注重数字化赋能,致力于推动新技术与教师在学科建设、环境布局、资源建设、教学方式、育人模式等方面的深度融合。在具体的策略上,可以从以下四个维度推进"双师型"教师的数字化建设。

一是从学科维度推进学科平台建设。通过建设主体教育改革实验区、智能教育创新平台、教育智库平台、教师发展协同创新平台等,围绕教育理论创新、信息化教学变革与应用、教育信息技术创新、教师教育创新等领域的理论研究与实践探索，为数字化时代的教师教育改革提供学科支撑，为数字化时代教师队伍建设作出贡献。

二是从环境维度建设智能化、沉浸式的数字化校园环境。要优化校园网络，实现有线网、无线网和 5G 网络覆盖，大幅度提升教育网络质量。要建设线上线下一体化、现实虚拟双融合的智慧教室和"云端一体化"的数字化学习平台，打造物理空间、资源空间和社交空间有机整合的学习空间，构建课堂与课外的泛在学习环境，全面支持学习资源、学习活动、学习过程和学习数据等有机融合。要加强数据中心能力建设，开发智能、快速、全面的学习分析系统，建立高效、安全、灵活、敏捷的智能化运维保障体系

三是从资源维度建构支撑一流教师教育的数字化资源体系。要按照自主开发与引进共享相结合的思路，制定分层分类建设的数字课程资源规范，实现数字资源标准化的建设，建立课程准入机制，设计开发课程资源、专项资源和拓展资源三种类型的学习资源，满足师范生多样化的学习需求。要统筹各类教育资源，建立以学分为基础的学习成果积累机制，探索实行认证、积累与转换制度，创新资源服务机制，通过完善数字资源建设标准和认证指标，引入第三方优质力量参与数字化资源开发，激活内部资源，充实资源建设专业团队，探索出适合学校特点的数字资源供给模式和服务机制。

四是从育人维度建设数字化的卓越教师培养体系。要利用信息技术变革教师教育教学培养模式，创建数字环境，利用大数据平台伴随式采集课堂教与学行为数据，数据分析支持变革教学方式与方法，推进学科交叉融合，实行数字化卓越教师培养。

第三节　教师社会关系的现代化适应

打造数字化"双师型"师资队伍，职业教育教师社会关系的现代化也是一个必要的考量指标。

职业教育教师的社会关系与现代化两者具有适应性，即通过把我国社会主义现代化建设的总目标、经济社会发展的总趋势和职业教师培训，与职业教师自身发展的内在动力相结合，可以促进职业教育教师的现代化。本节从移动互联网时代职业教育教师的社会关系特征、通过信息化教学推动职业教育教师社会关系现代化两个角度予以阐述。

一、移动互联网时代职业教育教师的社会关系特征

移动互联网以及各式应用型社交平台的出现，不断革新着职业教育教师的沟通方式和社会关系。清华大学社会学系教授罗家德认为，人的社会关系网应该包含"社会关系、社会网、关系强度、关系内涵、网络结构、信任、社会资本、情感支持、人际影响等"，对任一要素进行强化和改革均会对职业教育教师的社会关系产生影响，信息化推动现代职业教育教师的社会关系网越来越复杂，同时也使得职业教育教师的社会关系呈现出多种新特征。[①]

随着大数据、云平台技术的飞速发展，现代信息网络学习平台拥有了超强的记忆功能，凡是通过平台进行互动交流，所有的足迹就都会被后台程序完全记录，这一方面有助于职业教育教师翻看交流信息，如教师可以通过各种社会关系的交流信息来获得通向所需资源的途径；另一方面也有助于大数据分析现代职业教育教师的社会关系特征等。通过网络学习平台进行交流沟通，可以最大限度地消除因地域、种族、身份、年龄、专业等产生的"代沟"现象，来自不同地区、不同专业的职业教育教师均拥有平等的话语权。

二、通过信息化教学推动职业教育教师社会关系现代化

职业教育教师社会关系现代化，是通过信息化教学来推动的。通过信息

---

① 邓小龙，李欲晓，曾洁. 社会关系网络分析基础理论：现状与展望 [J]. 武汉理工大学学报：信息与管理工程版，2016，38（1）：6.

化教学推动职业教育教师社会关系现代化，要求教师进一步明确信息化的战略发展定位，将其作为职业教育改革和发展的重要内容来看待。同时，根据信息化的要求实现对教学目标、教学内容以及教学方式的变革，真正将学生作为教学的主体，利用先进的信息化教学技术培养学生的创新意识和能力。

信息化教学就是相比传统教学方法而言的现代教学的一种形态，信息化教学是以信息技术为之支撑的，在更深的层面上，信息化教学还涉及现代教学理念和教学方法的应用。

信息化教学设计应该关注两点：一是以学生为中心；二是强调对教学方案和教学实施的设计，教师从教学任务、学科知识和现实需求等方面来设计问题或教学单元，教学通过讲授、探索、探讨、合作与反思等方法展开。

另外，需要强调指出的是，职业教育现代化建设须注意宏观调控，例如，科学制订教育事业发展计划、合理开设专业、调整课程结构、运用政府各职能部门的调控功能、强化职业技能训练、建立职教集团和实习学校等，这些工作需要政府部门完成。要充分运用政府部门宏观调控手段，尽力化解职教发展中面临的困难，从而加快职业教育现代化建设，推动职业教育事业发展。

| 第八章 |

职业教育技术的革新和适应

在人类文明史的任何一个阶段，文化和技术始终都是教育产生和发展的原动力。如果说文化传递是教育的终极目标和根本责任，那么技术就是支持教育实现目标和尽到责任的底层逻辑。技术与教育的融合已经成为新常态，而未来的教育更是技术的天下。本章讨论职业技术教育的逻辑、职业技术教育的理性之思、职业技术教育的适应性、AI 创新应用助力职业教育革新转型等，以推动职业教育在新常态下进一步有所作为，赢得美好未来。

第一节　职业技术教育的逻辑

职业技术教育的历史演进和社会发展是融合共生的，并在纵向、横向和立体空间三个维度形成了自己的技术逻辑。基于纵向、横向和立体空间逻辑，职业技术教育既体现了技术为职业教育服务的工具性，又体现了赋能职业教育后所彰显出来的人文价值性。

一、纵向逻辑：技术变革推动了产业结构和人才结构调整

从时间轴的纵向来看，人类技术的历史变迁经历了以下四个阶段。

一是技术的工具性与人文价值的初期融合。技术源于人的生存性需要而发展。在过去的工业社会，主要通过人工方式来进行劳动生产，技术密切联系劳动者。在这个阶段，技术具备经验性，同时拥有实用价值。另外，社会分工比较初级，生产单位以家庭为主，劳动技术教育并不包括在学校教育中。技术的传承也以师徒、父子等方式进行，在这个过程中，主要传递传统经验性技术，其特点为隐蔽、内敛，融入实践活动里。同时，当时主要通过观察效仿和多次实验积累经验进行学习，凸显高度的物我统一，继而让技术拥有哲理层面的具身性，所以前工业社会阶段技术理性表现了劳动的体验性，在某种程度上突出它的人文价值，与此同时又表现出生存的本能性，即为了满足生存的要求而显现出来的工具价值，也就是人可以从劳动中获得了精神感受和体验。

二是技术的工具性与价值性并举。在大机器生产时期，为了满足人的发展需要，大多数传统手工业生产被机器所替代，代表着人类的技术由具身技术过渡为机械技术。这个时期的技术颠覆了过去的手工性技术，变化为机械性技术。这一时期的技术理性强调"技术决定效率"，即充分利用技术让大机器能主动适应生产，不过又慢慢地认识到这样的现实：在机械生产的过程中，为了防止深陷工具理性的泥潭，必须加强劳动者的职业体验，并且得到技术精神理念。这是具有革命性意义的一种历史进步。

三是技术的工具性与价值性的再生统一。职业教育的发展由于技术的合理性、效率性和支持性而趋于多样化，并且促使价值层面上技术理性发生彻底的改革，职业教育逐渐凸显以培养科学知识基础深厚的高素养技术型人才为根本任务，并且配合社会产业的发展，积极跟随现代科技的迅速发展，通过推动科学和教育统筹发展，企业和高校合作、工作与学习结合、

生产与教学结合等多种途径，培养知行合一的人才，完成职业教育教学和生产、学生和员工、作品和产品相统一，这个时期的技术理性体现了以培养具有科学精神、社会文化、人生价值与生存意义的新型技术型人才而彰显的工具性和人文性，从而在技术的工具性与价值性两个方面实现了再生统一。

四是技术理性的价值变化。伴随现代科技的迅速发展，以智能化云计算为典型的新技术推动教育事业实现信息化，智能技术和机械技术并肩同行，各个国家和社会各个行业之间更便于交流，联系更加密切，并且慢慢形成相辅相成的整体。为了适应新的变化，职业教育慢慢发展为各行业的跨领域融合，与此同时，职业教育过去培养智慧型以及全面型人才的技术构成也彻底地发生变化，全方位包含了理论性、经验性、技巧型、实体型等技术。由于智能化时代对于个性化人才的需要，在这个时期人的技术理性体现出充分凸显人才发展的面面俱到与终身性，发展社会的智慧性，不但表现出为了培养全新的技术人才的突出的工具性质，又体现出以培养具有创新意识和实践能力的人而彰显的人文价值，从而使技术理性实现价值，得以升华。

至此，不妨简单回顾一下技术的纵向脉络：第一阶段，前工业社会时期的技术理性体现了生存的本能性与劳动的体验性；第二阶段，大机器生产时代的技术从物我合一的具身技术发展为对机器或零部件进行改进以满足人的发展需求的机械技术；第三阶段，在职业教育的推动下，技术的工具性与价值性实现了再生统一；第四阶段，现代新技术使技术理性升华为工具性和人文价值的高度统一。这个过程反映了技术变革对产业结构和人才结构调整的推动作用。

这里有必要说一说技术"具身性"的演变逻辑。事实上，"具身性"和"离身性"是一对相对的概念，一直以来，"离身"观念长期占据主流，但由于如可穿戴设备、虚拟现实场景、人机互动界面所激发的身体参与，使"具身"开始获得了重视。

二、横向逻辑：技术迭代在三种关系上助推职业教育实践

根据时间线的横向对比，技术发生变革之后的现代技术主要在宏观、中观和微观三个角度来推动职业教育实践的进行。

一是宏观方面表现为职业教育适应科技的发展，互相融合并且形成引导作用。适应指的是职业教育积极跟随新技术的发展，引导作用指的是职业教育体现出领先现代技术发展的远瞻性和先行性特点。

二是中观方面表现为现代技术深入结合职业教育，通过数字化和信息化的途径，职业教育可以提高实践训练以及学习平台的智能化水平，增强现代化，让课程资源建设和平台建设更加智慧化，朝着数据仓库建设的方向发展，通过 AR 技术以及 VR 技术加强技术思维，令其更为有效、更加生动。有效实现学生的个性化学习、自主性实践和智能化训练，继而通过新技术延伸职业教育的学习空间，令职业教育实现智慧化运作。

三是微观方面表现为现代技术和职业教育教学的结合统一，通过统筹可以达成学习方式个性化、教学过程自主化、教学方法媒体化、资源共享化、教学管理多变化、教学产品教学环境虚拟化、教学评价多元化，进而可以进行实现教师课堂教学不受限于地点和时间，提高教学形态的实用性，令其变得更加多元。现代技术与职业教育从适应、融合与引领走向深度融合，再到目前对课堂教学的整合，反映了技术迭代助推并丰富了职业教育的实践行为。

三、立体空间逻辑：技术介入促成了职业教育的跨界融合

根据立体空间的角度，职业教育由于技术的发展及融合，实现了和社会各个行业的跨领域融合。职业教育是一种具有代表性的跨界结合型教育，可以跨越不同行业，因此，要与社会各个领域实现理性结合、和平发展，让它

在跨越各个领域中凸显出其开放性，主要表现在职业教育所涉及社会发展的各个方面要与每个领域实现开放融合。同时，要彰显全息性，主要表现在职业教育，可以在社会发展体系中发挥出举足轻重的辐射效果，技术也全面渗透到社会的所有领域，并且与所有行业领域深切结合，从而在此过程中构成技术、文化、知识、经济、教育、精神等全新的领域，令现代社会彻底发展为技术型社会。

职业教育实现了跨领域融合，不但表现了职业教育在跨领域方面可以迅速适应技术并且对技术做出改造，而且反映了在跨领域交互的过程中可以凸显时代精神，实现人的人生价值，让职业教育在培养高素质人才的过程中可以突破工具理性，圆满地统筹技术的人文性和工具性。在立体空间这个维度，反映出技术介入促成了职业教育跨界与社会其他领域的深度融合。

第二节　职业技术教育的理性之思

信息时代，新技术的更迭与变革使技术内涵与功能更加丰富与强大，当职业教育置身于信息时代，面对新时代的智能化、数字化，随之出现职业教育培养的素质人才模式和职业教育之间在传统性和现代性方面产生矛盾，除此以外，还有职业教育课程资源不够灵活以及人的全面发展需求无法得到充沛的资源的冲突，以及职业院校人才资源水平和社会发展需要之间有很大距离的问题，而要回答这些问题，需要反思职业教育技术理性，讨论职业教育技术理性可以实打实地凸显出职业教育的时代精神、突出现代理性。对此，本章节在技术的基础上解释职业教育的技术理性、价值理性及精神理性，来揭示职业教育发展的时代特征。

一、职业教育的价值理性：教育对人的发展生涯的完整关怀

职业教育的价值在于给予人所需要的职业知识以及专门技术与技能的教

育，因此，职业教育的价值属性具有功利性与公益性，是全面厘清人、社会、职业与技术之间逻辑关系的基础，也是职业教育本质与属性的理性体现。马克思对人的本质的讨论主要基于三个方面，通过人的需求、社会关系以及对象性活动分三个阶段说明人类社会：人的依赖关系（起初完全是自然发生的），是最初的社会形态，在这种状态下，人的生产能力只是在狭窄的范围内和孤立的地点上发展着。以物的依赖性为基础的人的独立性，是第二大状态，在这种状态下，才形成普遍的社会物质变换、全面的关系、多方面的需求以及全面的能力的体系。建立在个人全面发展和他们共同的社会生产能力成为他们的社会财富这一基础上的自由个性，是第三个阶段。

根据马克思的人性论，职业教育的目的是教育人实行社会实践以及进行职业活动，自始至终都是人的教育，因此，职业教育要对人的精神实现发展需求个性、人文精神、生命价值、科学素质引起关注，从而体现出教育自始至终关怀人的发展过程。

二、职业教育的技术理性：技术支持物质与精神融合共生

技术理性是一种人类能力和智慧，它主要是为了追求科学性、效率性、理想性、模范性、功能性，作为一种技术精神，它深深植根于人类对物质的需要，依托于人类对自然永远依靠的实践理性。职业技术教育理性主要在技术精神职业导向以及实践价值方面体现，职业导向也就是着重于培育社会所需要的某个职业的人才，体现为技术职业理性实践价值，也就是实现知识结合行动理论，融合实践的价值逻辑，体现为技术实践理性；技术精神也就是着重于技术的人文内涵、社会价值、时代精神，表现出人文性统筹结合工具性，体现为技术人文理性。技术理性包括人类和社会在精神方面以及实践方面所体现出来的智慧，利用技术，人和社会可以有效掌握精神世界、改造物质世界，在掌握两个世界的过程中，技术可以加强精神力量，新时代所追求

的工匠精神就是在追求高超的技艺和精湛的技能的同时体现和塑造中国精神。在实践活动中表现为人本身的意义和价值，反映了方式和目的、人类和社会以及主观和客观的理性结合，因此，职业教育的导向是人文和科学主义共存的价值逻辑，结合教育、技术、文化、职业于一身，把跨领域思维作为方法，突破职业技术的工具，理性寻求实现精神价值。利用技术手段培养高素质技术人才，达成物质世界和精神世界中人类社会教育、职业等多领域的结合，共同生存、发展进步。

三、职业教育的精神理性：技术渗透教育功能并彰显力量

职业教育技术理性追求的最高境界不是职业能力，而是技术精神。职业教育要在教育功能全面彰显的过程里充分突出追求技术精神的力量，主要有以下四点表现：在教育条件方面，全面结合新技术，拓展更多的新技术时代元素，联系技术完美结合办学条件；在教育理念方面，令教育双方充分发挥精神力量，让它们可以突破工具理性的功利性价值导向，转变为追求技术理性，令职业教育体现出时代精神，同时进入将来的超前境界；在教育过程里，不管是教学建设还是课程资源建设，还是生产与教育融合、工作与学习结合，都要通过技术精神来带领教育实践进行，令职业教育的过程里确切表现出技术精神的创新实践以及实事求是；在教育水平方面，职业教育要追求培养拥有雄厚的职业实力、提高技术水平的技术型人才以及领导人才，培养出真正的同时具备文化素养和技术精神的人才，令教育质量观具备价值理性。职业教育的根本任务是培养拥有创新意识、实现职业精神、能够很好地团结协作、脚踏实地拥有完整人格的高素养人才，从而有效适应新时期社会经济产业结构。对于专业以及人才结构的需要，其行动准则是在教育生活以及职业中融入技术精神的思想，让技术精神引导、带领学习精神、教育精神和职业精神，让人与社会在技术精神的带领下推动职业教育的发展。

第三节　职业技术教育的适应性

根据党的十九届五中全会审议通过的《中共中央关于制定国民经济和社会发展第十四个五年规划和二〇三五年远景目标的建议》提出的新部署和新要求，"十四五"时期和未来更长时期，各级政府、教育系统、行业企业和社会各界将通力合作，在"增强职业技术教育的适应性"上不断开拓创新，强调"加强创新型、应用型、技能型人才培养，实施知识更新工程、技能提升行动，壮大高水平工程师和高技能人才队伍"。党和政府对职业技术教育的适应问题非常关心，予以重视，其原因是职业教育在各个方面有很大的提升空间，包括技术适应时期的发展需要履行高水平发展的理念，以及为新的发展格局提供服务的水平等方面。第一，职业教育应当怎样基于技术层面提高教育的适应性，从而让内部环境和外部环境的诉求得到满足，对中华民族伟大复兴的过程形成影响，对教育系统的建设水平以及人力资源的开发作用产生影响？第二，在建设技能型社会的背景中，职业技术教育的适应性有什么全新的特点以及内涵，提高职业技术教育的适应性有什么实践方式？这是两个具有时代意义的命题，本节将对其做出解答。

一、重新定位：职业技术教育的适应性被赋予新的时代内涵

事实上，一直以来，在职业技术教育发展过程中重视职业技术教育的适应性是多次突出的话题，不过根据目前的政策以及研究成果，主要集中在职业教育技术层面，从适应经济社会的发展需要、满足行业需求和企业需要、对个体发展需要的反馈方面解释和研究职业技术教育的适应性。适应性指的是职业教育要顺应经济发展需要，适应宏观产业发展需求，适应微观企业人才需要。如果单纯地强调满足某个区域经济社会发展及某个区域内的行业和

企业的需要，那么格局就太小了，不利于国家经济的整体发展，这样的职业教育显然不是我们所需要的。

2021年，全国职业教育大会提出了一种全新的构建技能型社会的理念，说明技能型社会的特点是社会以技能为导向，国家对此予以重视，使每个人都学习技能并且拥有技能，为我国职业教育改革发展指明了方向，也赋予了新的时代使命。在这一技能型社会环境中，职业技术教育的适应性突出，作为社会的一个子系统的职业教育跟外部环境的适应性和交互性，还有面对群众和行业关于教育需求的先行性设计。

首先是经济社会发展以及职业教育环境的彼此支持和交互，适应的原本意义是体现个体或者团体和环境之间的契合度，这个含义包括回应或者顺应，是一种流动的、交流的、灵活的过程，表现出主客观的相互成效，体现了个体或者团体回馈或者顺应内外部环境需要的最终结果。从这方面来说，诸多关于形成技能的问题并不是只有教育问题，各种非教育因素由各个方面对技能形成的水平、速度和途径都造成影响，包括技能的社会评价、社会价值、人才的发展途径等。在某些时候，技能主体生存的制度环境复杂多变，往往基于很多限制条件下而作出理性选择。纯粹的突出技能工艺，也许并不可以解决技能供应和需求不平衡、缺乏动力等问题，因此，职业教育要和经济社会发展环境深入结合，教育体制的改革要跟人事制度、宣传系统、评价体制、激励体系的改革相适应，在建设社会的过程中完成与制度的契合。

其次是职业教育要面向产业和人民群众对教育需求的前瞻性设计。技能型社会的职业技术教育还应当在具有远见性的供应技术型人才上反映出来，还有把新型新技能提供给职业教育受教育者这两个方面。基于产业的层面，职业教育应当针对目前的产业需求，构建职业能力教育体系，以及针对将来发展需要的创新教育体系，特别是支持和鼓舞师生，由于目前企业技术问题以及市场需要实行技术改革创新，因而要培育具备适应人工智能的生产模式，敏感地发现并且把握创新要素以及市场改变的新产业。基于人民群众的层面，职业教育不但要做好职业教育，同时也要加强学生教育，着重培养重要能力并且做出合理评价，并且把充分的条件提供给学生，令学生可以得到更好的教育。

二、行动方案：基于技能的职业技术教育的适应性实践路径

在职业技术教育的适应性被赋予新内涵的情况下，应当把解决质量问题当作重点，基于复杂的社会背景来考虑如何解决新的问题，着手体系构建以及制度设计，其目的是建立技能型社会，把握教育现代化的机会，整合科教兴国以及人才强国的战略，重视技能，把它当作推动经济社会发展的珍贵资源，对技能进行开发及利用。

1. 建立有利于构成大众技能的职业教育体系

形成和提高技能的主要方式是全面的职业教育和培训，因为技能特别是高技能的获得朝着某个方向积累知识以及经验所得到的结果。根据累积效应以及年龄效应几个规律，职业教育应当是空间及时间融合交错的系统教育，主要有以下四点表现：第一，职业教育要着手类型教育，让中等职业教育发展为职业专科教育再到本科、最终到研究生的途径变得畅通，科学排列中等职业技术、高等职业技术教育以及本科的构成和数量，设计职业教育高考制度，在制度方面保障技能人才晋升；第二，结合学校职业教育以及职业培训，建设全面性的板块式课程，完成技能人才的技能进步以及终身学习；第三，配合共同开展中小学劳动教育职业体会等课程，办好特色职业技术学校等，进而达成各个类型教育的融会贯通；第四，教育部门以及人社部门应当以执业资格证书、职业技能准则、职业培训和教育开发等内容，构成权利和职责明确的工作制度，在职业和教育分工的前提下进行合作，教育部门对技能教育事项进行负责，也是部门对技能准则的开发事项进行负责，并且完成技能准则匹配技能教育。

2. 构建对促使技能成果共享的技术人才发现和利用具有有利意义的网络

根本上，发现和利用技能人才是改进技能资源配置的问题，因而着重构建信息渠道途径，保证用人主体和技能主体之间构成充分交流和友好互动，最后能够高效率利用社会技能成果以及共同分享。达到这个目的的方法是建立、发现和利用技能人才的网络，往后的所有节点包括行业、社会组织、事业单位等，因而网络有分布化的意思，着重发现并且利用技能人才，应当更好地协调资源，通过不同途径，建立多样化的平台，达成人尽其才的目的。在这里，政府应当发挥优势，妥善的配置信息中心和资源，在政策方面加强宏观引导，将来可以促使省级政府设置珍贵资源技能保护性挖掘资金，制定经营人才规划，公布关键技术技能问题解决项目，支持一些领域或者行业，构建协调性劳动力市场等。

3. 创设有助于提升技能的社会认可的制度环境

因为目前在解决人才就业提升评职称、人才流动等方面步骤存在的制度性问题，一定要在整个社会慢慢地建立全面的制度环境，转变尊重技能的社会前景，为制定经济社会以及政治的还有产权方面的详细法律规定，目前是从以下几点来突破制度建设：第一，增加设置高水平人才、高等级的奖励项目，如国家层面的技术创新成果奖项，形成制度层面的高水平人才社会荣誉体系；第二，对高水平人才认定条件进行健全，拓展得到这一待遇人员的范畴；第三，全面整理并去掉对鼓舞人们学习技能没有帮助作用的愿望，还有制定发展技术型人才的所有制度，解决技术性人才在子女教育、户口、住房、就业、职业等方面的不公平待遇；第四，对国家技能宣传体制进行健全。在目前存在制度化推广的前提下，坚持长期挖掘并推广群众周围的技能人才和有关事迹，令技能确切成为人民群众常常讨论的话题。

4. 建设有助于促进社会主体协同的协作机制

建设促使社会主体协同发展的协作制度，因为技能的构成、发现、利用以及保障是具有不同性质的社会行为，并且实施的主体以及根据的条件各有区别，因而需要配套的协作机制确保行动方向和目标的一致性。围绕构建技能型社会的愿景，现阶段应强化以下协作机制的建设：第一，构建专业水平高的产业人才需求研究机构以及发布平台；第二，持续健全知识产权保护体制，强化各种形式的劳动成果保护程度，打造技术产权保护的理想环境；第三，对职业技能级别和资格证书进行整合，构建市场以及国家同时并存的技能水平评价制度，从而更公平合理地评价技能学习成果，同时建立国家资历、框架体制，在职称等级和技能等级之间形成平等的关系，确保技能学习成果拥有一定的社会价值，让学习者产生苦学技能的欲望，吸引越来越多的杰出人才投入技术技能工作。

第四节　AI 创新应用，助力职业教育革新转型

职业技术教育的革新转型，需要 AI 技术赋能——从另一个角度，AI 等新一代技术也将促成职业技术教育的适应，结合前面的阐述就不难得出这个结论——AI 技术是产业数字化转型、智能化升级的重要驱动力。因此，AI 技术在职业教育领域的创新应用，关键在于实现教育模式智能化、产教融合一体化、智能工厂生态化以及治理法治化。

一、AI 赋能：实现教育模式智能化

推进职业教育转型，须借助 AI 技术，实现教育模式智能化。AI 技术在教育领域的普及和应用，大大突破了教学手段，教学环境以及教育管理的智能化改变，把越来越多的学习机会提供给学校教育，也构成了更具有个性、精确的教育服务系统，除了有效提升学生学习效率，而且强化学生自主学习的能力，让学生智能化发展的需要得到满足。

一是通过 AI 技术，促使教学手段以及教育内容高水平、多元化和个性

化，通过线上结合线下，促使教育教学智能化、多元化以及开放化。通过智能技术和情境感知技术，按照学习者的差异化需要以及认知风格，制订个性化计划并定身打造教学方案，因地制宜，促使课程设计有机整合，借助技术方法，对跨越不同学科的综合课程进行革新，着重于学习的实践性、社会性，进行深入的学习，给予多元化的技术支持，推动全新的教学模式，将理论和实际结合起来，支持复合型技术人才的培养。对职业教育教材的内容以及形式进行改革创新，通过全新的技术对不同形式的教材进行开发，在根据教材进行教学的过程得到全新的载体。科学利用智能系统，按照学生的需要性质以及习惯，量身定做学习计划探究，促使个性化教学方式的进行。

二是利用 AI 新技术为教师个体赋能，同时也要增强教师队伍对智能设备和数字网络资源的理解和应用能力，这将有助于提高"双师型"师资队伍的质量。职业院校教师拥有深厚的理论储备以及专业水平，因此，要指点教师学习如何使用智能教育技术，强化培训教师在人工智能教学理论、技术应用教学内容以及学习管理这方面的内容，踊跃开发数字化学习资源，创造出多元化的教学活动。将新课程培训与新技术应用相结合，共同促进师生职业培训能力建设。落实相关评价标准和考核制度，奖励或补贴人工智能（AI）素养高的教师，并采取多种措施，为具有理论和实践教学能力的教师建设专业水平高的双师型教师队伍，指引教师试验不同角色的切换，由过去的输入知识转变为教育引导，慢慢地退出逐渐被智能化所占据的规范化教育，将剩余的精力及时间放在学生的精神教育上，包括道德教育、思想教育、情感教育、人格形成等。

二、AI + X 专业群：实现产教融合一体化

推进职业教育转型，须深化产教融合。产教融合是培养智能化升级以及产业转型所需要的全新的人才的主要方式，是加速新兴产业发展的助推器，应按照产业的发展动向，从以下三方面建设"人工智能 + x"模式。

第一，设立人工智能技术产业课程，构成专业分类主要课程，在设立虚拟现实、人工智能、大数据等课程的前提下，增加设立一些全新的和产业应用联系起来的先进的信息课程，如自动识别、文本处理、量子计算等，将人工智能科学拓展到更多的专业上，促使人工智能往多个学科方面进行建设，健全人工智能有关基础理论，结合各种各样的学科的建设方向，加大力度向人工智能有关的学科投入。同时，职业院校需要设立人工智能专业，形成整个智能类专业核心，以此拓宽人工智能专业教学内容。

第二，建立实践平台，将人工智能技术和多个学科专业结合起来，加强人工智能和计算机科学控制科学、认知科学，令计算机科学以及大数据技术更加协调统一，和经济贸易、制造类等有关领域重叠，可以在增加设置人工智能专业的同时鼓励职业院校促使人工智能向其他专业分类拓展建设，同社会需要以及学生兴趣联系起来，加快速度推动"1＋x"证书制度，促使人工智能技术的应用走在前沿，带领产业跨学科专业标准建设，突破跨学科的壁垒，促使人工智能和跨专业的结合。人工智能领域方面的专业建设为教育经济提供服务，凸显区域产业经济特征，详细计划社会人才需要以及区域特色经济需要，联系人才需要及学校优势区域产业结构，对高质量资源进行整合，寻求人工智能多专业的内涵式发展。

第三，实行"人工智能＋x"专业方向的先进性课程。加大力度发展人工智能数字经济产业，在区域产业经济主要目标的基础上，构建专业课程模块，分为选修科目和必修科目，大力提升专业建设的质量，设立 AI 对应板块的课程，熟练应用 AI 软件工具，搭建 AI 专业课程体系，形成教师培训体系。

三、精准服务：创新智能工厂生态发展

推进职业教育转型，须构建"人工智能＋"跨学科交叉融合的智能工厂实训基地并实现生态化发展。职业院校要加深对各个行业企业的了解，明确产业技术的实际应用，有效处理职业院校专业实践训练教学的重点和难点，

有力提升实践训练教学的效率，改善实训教学环境，强化人工智能应用现实技术。

第一，建立人工智能实践平台，把实践支持提供给人工智能跨越多个专业学科的课程体系构建，在开设智能实训基地前要实行调查研究，对人工智能技术产业运用所包括的所有环境政策以及行业进行深入分析，与自身专业以及区域产业发展特征联系起来，同高等院校实行行业实践训练专业共同建设。通过调查研究之后，借助数字化手段、信息化手段，创造满足人工智能技术产业需要的实践教学环境，能够提供对应的软硬件条件，通过人工智能结合不同学科的课程，立足于现实的智能化专业领域的问题，构成不同学科交叉重叠结合人工智能需要的项目研究集合。

第二，为了让职业教育的社会功能得以切实履行，对于人工智能建设教育教学实践集群联盟。职业院校立足于人工智能建设实训基地，其建设内容集中在智能车间，在政府的引导下，与企业需要联系起来，同人工智能发展相关的行业、企业、工厂进行合作，建设实训基地，有效实现互动化和智能化，令职业院校可以通过利用企业平台设备等优质资源，提高实训环境的质量、创新人才培养模式、优化专业结构、改革办学模式。由此一来，企业便可以更行之有效地利用学校的教育教学资源，提高员工的专业技能水平，加强科技研发能力，让企业得到更多的隐形经济收益，形成更深远的社会影响。

第三，构建完善人工智能实训基地管理制度，使它能够满足人工智能技术产业长久发展的需求，如通过利用数据挖掘、文本处理、模式识别等多种信息手段，提高网络安全水平等。根据基地建设模式，立足于产业和教育互相结合、产学研融合的办学制度，培养在行业内具有引领作用的人工智能领域所需要的领导人才，从而促使平台技术开发，使应用可以切实履行；要基于这种多样化合作办学的环境，科学看待职业教育的性质，确定各方主体对培养人才所需要承担的责任和义务，建立健全的内部运作以及管理制度，妥善安排基地运转的人员，确定每个人的职责，构建畅通的沟通制度，确保基地实训教学功能得以实现，令基地为行业企业、学校、社会提供服务的基础职能得以落实。

四、构建 AI 职教体系：实现治理法治化

促使职业教育转型，需要对职业教育的顶层设计进行健全，加快速度促使职业教育治理体系制度化，构建完善的纵横交错的职教体系，打通技术型人才发展渠道，进而达成治理制度化。

第一，基于制度方面，解决所有职业教育升学方面遇到的阻碍，完成职业教育整个链条的培养，加大专科升本科的录取比例，健全职业教育高考体制，适当提高升学考试里操作实践的比例，使产业转型升级背景中，职业院校学生想要提高学历水平以及继续学习的需求得到满足。促使职业院校和本科院校进行合作、培养人才，有机结合两种院校不同的人才培养理念，培养同时具备理论和操作水平的人才。通过这样的培养模式，打造越来越多的应用型人才。设立专业硕博士的职业教育人才培养，考虑设置独立学位的可能性，加大力度培养制造业创新型领头羊人才。

第二，建立健全的职业技能等级认证系统，加快速度推动职业教育建设学分银行，打通各种证书的转换途径，职业技能等级、职业资格和学分学历之间有效进行转换，实现各种类型学习成果的互相认证和对接。健全高水平职业技能等级证书的认证工作，使证书在社会上得到更大的认同。对于智能社会以及数字经济的发展现实，主要在各种新兴产业领域，健全确保职业技能等级证书的条件，设定评价的制度，培养具有专业水准的职业资格认证机构，制定不同层次的职业资格认证条件，对认证流程进行健全，完善专业性、动态性的职业技能评定制度，协调职业技能等级证书等学历证书、专业教学条件之间的关系，确保所有职业技能等级证书的效率是相同的，其待遇跟拥有证书的人员一样，使技术型人才的整体实力通过要求严格的技能等级证书完全体现出来，成为人才在求职时的有效凭证。

第九章

职业教育教材建设的更新与完善

在职业教育的发展中，信息化将是其未来的方向之一，如何将职业教育向信息化方向引导，其中教材发挥着主导性作用。信息化的教育方向能否在教材中得到贯彻落实，对未来职业教育信息化的进程影响很大，是决定未来职业教育能否真正信息化的最主要因素。在当前教育改革不断深化的时代背景下，数字经济正当其时，教育信息化稳步推进的形势下，需要加强职业教育教材建设。为此，本章讨论了数字经济时代教材建设的新要求、教育信息化视域下的教材建设的路径、基于产教融合的职业教育新形态教材开发及融入 VR 技术来建设数字教材等议题，以期推动职业教育教材建设的更新与完善。

第一节　数字经济时代教材建设的新要求

《中国经济发展白皮书（2021）》显示，2020 年我国的数字经济分量呈现出持续增长的趋势，虽然 2020 年由于新冠肺炎疫情的影响，我国整体的经济环境增速并不高，但是该年度我国数字经济的增长却呈现出迅猛增长的态势。我国数字经济的增长，在一定程度上弥补了其他领域经济萎靡所造成的缺口，数据统计显示，2020 年我国数字经济的增长高达 9.7%，而该年度我国整体经济水平由于疫情的影响，其增幅只有 6.7%。可以说，2020 年，在疫情影响的大环境下，数字经济有效弥补了我国其他经济领域不景气的劣势，提升了我国整体经济发展的质量和水平，数字经济在国民经济中的地位越发突出，成为构建新发展格局的关键支撑。

迅猛发展的数字经济对人才的需求与培养提出了新要求，职业教育数字化转型势在必行，而作为推动这一转型的知识载体的教材，其建设指向必须契合数字经济时代对人才需求与培养的新要求。数字经济的发展实践，要求未来的职业教育应当将数字经济作为主要的发展方向之一，为此，本节围绕如何做好发展数字经济的教材编写工作进行了深入的探索，研究如何在职业教育的教材中体现和落实数字信息化经济的发展要求，借以揭示数字经济时代教材建设的新要求。

一、职业教育数字教材建设的根本支撑

职业教育数字教材建设的根本支撑是数字技术，而数字技术最直接的应用就是场景化教学。场景化教学能够充分表现出数字技术的优势，同时场景化教学也能够进一步丰富职业教育教材的内容，有利于将职业教育的教材打造得更生动、更形象。场景化是以情境为基础，并基于对人的活动。一方面，在场景化技术不断发展的助推下，数字虚拟技术的应用变得更受欢迎，尤其是数字虚拟技术的发展和应用，使人在虚拟场景中的真实体验感大大增强了，从而使数字场景技术被越来越多的人认可。另一方面，数字场景技术的发展，将会满足人们多元化的知识累积需求，传统型的职业教育是以学生学习陈述型知识为主，数字场景技术将会给学生带来新的学习体验，学生们通过数字场景技术，不仅能学习传统的陈述型知识，而且能学习程序型的知识，从而满足其多元化的知识学习需求。在数字信息技术的推动下，职业教

育将发展得更具有智慧性，同时，在数字信息技术教育中赋予更多的人文内涵，有助于增强现代职业教育的人本主义精神，人本主义精神是未来职业教育的关键和灵魂。依靠新兴的数字信息技术，职业教育在传授传统陈述型知识时，也会更加精准、形象和高效。

二、职业教育数字教材建设的基本要求

职业教育数字教材建设的基本要求是将数字信息技术融入职业教育的教材，传统的教育是以陈述型的教育为主的，数字信息技术想要融入教育，就必须与这种陈述型的教育规则相结合，在职业教育教材的编写上，数字信息技术也要以陈述型的状态来体现，这样才能符合我国学生的学习习惯，学生们才更容易接受。

一是遵循知识与数字技术融合的规则。职业教育的开展，应当以直接服务社会生产为目的，因而职业学校教师在教育的过程中应坚持产教结合的原则，把职业教育引导成区域经济发展的直接推动者。职业教育在推动经济发展上具有直接性，这种特性要求数字信息技术在与职业教育融合上要坚持以直接服务企业、生产、行业为目的，突出服务的直接性。

二是建设知识与数字技术融合的多样化的教材形态。数字信息技术在与职业教育的教材有机融合之后，是以职业教育的教材为外在体现的，由于职业教育类别的多样化，以及数字信息技术的多元化特点，共同赋予了新的数字信息化职业教育教材多样化的特点。多样化的教材形态应注意两方面：一方面是彰显数字教材对场景教学的适用性，另一方面是教材形态必须适应学习者的使用习惯。只有满足这两方面，才能使知识与数字技术融合功能不断增强、服务不断圆满。

三、职业教育数字教材建设的三个途径

想要使数字技术与职业教育教材进行更好的融合，务必要将教育的场景

化作为职业教育教材发展的主要载体，不仅要在职业教育教学过程中努力塑造出场景化的效果，而且要推动这种场景化教学教出实实在在的教学成绩。对于如何更好地结合职业教育和数字教材建设，本书认为，可以通过课程开发、打造稳定而专职的开发队伍、教材的规划与编写三个途径，实现职业教育数字教材建设的更好结合。

一是课程开发。推动职业教育数字教材的建设过程中，需要安排哪些课程，这些课程将会在数字教育中发挥出怎样的作用，这样的课程究竟能不能达到职业教育与数字信息技术的有效结合等，都是职业教育课程开发者在推动职业教育数字教材建设过程中必须要考虑的问题。职业教育数字课程的开发一定要深思熟虑，而且务必基于统筹而循序渐进。

二是打造稳定而专职的开发队伍。在课程开发的基础上，传统教材在职业教育上取得了不少成绩，因而新兴的数字信息技术在融入职业教育的过程中，仍然要坚持课程开发的原则。做好课程的开发，需要打造稳定而专职的开发队伍。并且职业教材的开发队伍在开发课程的过程中，要清晰地认识到，数字信息技术与职业教材的融合，绝非技术与教学方式简单的叠加，而是要将数字技术与职业教育的教学形态有机统一到一起。为了将职业教育教材与数字技术融合得更加完美，我们需要建立一个专职的职业教育教材开发队伍，开发队伍要在教材与数字技术融合上多做工作，体现出专业素养，要通过数字技术与职业教育教材的融合，把如今的职业教育水平提升到一个新的高度上。

三是职业教育教材的规划与编写。在该过程中，教材的编写者必须要抓牢职业教育的本质，深刻理解职业教育教材在创新与发展过程中的"变"与"不变"。数字教材将从根本上改变传统的学习方式，这是"变"的一面。"不变"的一面在于，无论是职业学校的传统教育，还是新兴教育，它们的教学核心和灵魂是不变的，职业教育要始终坚持以正确的价值理性为思想指导，为社会培养出更多能直接服务于生产的实用型人才。

如今，市场中有多种数字化职业教材，这些职业教材类型多样，在当前职业学校的数字信息化教育过程中也发挥着重要的作用，但是这些形式各样的数字化职业教材往往在结构和功能上出现异化的缺点。职业教育教材的异化会导致知识数据化之后不再"便捷"，反而更加复杂，因此，职业教育在与数字信息技术融合过程中出现的异化问题，需要职业教育教材在未来的发展过程中进一步改进和完善。

第二节　教育信息化视域下的教材建设的路径

教育信息化已深入教学的各个环节，随着信息多媒体技术的发展，信息多媒体技术已经发展成为教学的重要辅助手段，这是数字信息教学里程碑式的发展。本节分析教育信息化对职业教育教材的新要求，以及在教育信息化时代职业教育教材建设路径。

一、教材建设要符合信息化理念的要求

正是在信息化教育理念的推动下，教材的结构和教育模式都发生了较大的改变，这种改变也直接影响着学生学习方式的改变。在信息技术发展的推动下，追求更加开放、公平、优质的教育环境已经成为教育体系发展的基本方向。当前信息化科技的背景下，社会各个行业都非常重视对数据的收集和整理，同时工作的成效也以数据的形式来表现。教育要对接信息化发展时代的要求，在教育教学的过程中，更加注重数据的统计，使教学方式、教学过程、教学效果等以数据说话，推动形成教育的数据化发展。基于以上改变，信息化时代的教材建设有了以下新的要求。

一是教材的使用要以平台为载体。数字信息化技术在与教材相结合的过程中，需要依赖教育平台为载体，如应用范围较广的智慧化教育平台，在教育教学平台建设完成之后，数字信息技术化的教材就能依靠这些平台来开展

教育教学了。在职业教育信息化的过程中，一些信息化水平不达标或纸质化的职业教育教材都将会面临被淘汰的境地。

二是职业教育的教材要朝着多样化的方向发展。在传统纸质版教材的基础上，为了更好地对接数字化发展的需求，职业教育的教材应不拘泥于纸质版的教材，还应将电子版的教材引入日常教学之中。除此之外，在教材内容的分类上，职业教育的教材要突破传统教材的结构分类，传统教材大都以课前、课中和课后作为教材结构分类的基本标准，信息化职业教育教材在结构上可以对传统教材进行适当的创新和突破，将教材的内容按照基础和进阶两部分进行设计。

二、教育信息化时代职业教育教材建设路径

在如今教育日趋数字化的时代背景下，职业教育要适应数字化教育发展的要求，就要有好的教材内容，还要在流程设计、教师角色、教材资源池、建设队伍、质量评价等方面下功夫。

一是在教材的内容上要有创新，现代社会生产发展的需求，也在推动教育体制和模式的变革，不适应数字化、信息化生产需要的教育模式，终将会被社会所淘汰。数字信息技术要求学生们要在社会实践的过程中增长自己的知识，强调要及时将实践中总结出来的理论运用到职业教育的理论教学中。因此，为了适应数字信息化教育的需求，职业教育的教材必须要根据社会实践中总结出来的经验及时更新其内容，"要紧盯技术和产业升级需求，及时将新技术、新工艺、新规范纳入教材，探索使用新型活页式、工作手册式教材并配套信息化资源，引入典型生产案例……"

二是通过教育模式的智慧化，推动职业教育的教材朝着实用化的方向发展。在教育过程中，想收获较好的教学效果，就需要教师按照科学、规范的教学流程来开展教学活动，教学流程上的不规范、不科学必然会带来教学效果较差的问题。教学的智能化，实质上就是教学流程的科学化和规范化，换

句话说，科学、规范的教学流程就是智慧化教学的必然要求。

三是信息化教育要求教师具备多样性的特点。在职业教育过程中，教师始终发挥着主导性的作用，传统的教育模式下，教师对学生的评价，一般依据的都是自己的教学经验和学生所取得的学习成绩。但是在数字化教育理念的状态下，教师评价学生不应该单纯以学生的表现和学习成绩作为评价指标，而更应该看重学生的学习能力、统筹协调能力、策划能力等多个方面，要求教师对学生的评价应更加注重对学生综合素质的评估。

四是为数字信息化教育模式建设相应的资源阵地。信息化教材的建设需要海量的信息资源，并且要求这些信息资源具有相当的专业性。如果我们在数字化教育模式的构建过程中，仅以某一项技能或某一个行业领域作为资源建设的主攻方向的话，势必会造成厚此薄彼的教育模式发展问题。因此，我们在建设职业教育数字信息化的过程中，充分考虑不同专业对信息化的需求，协调不同学科之间在数字信息化建设上的共同之处，从而推进数字信息化技术和职业教育的融合朝着综合性的方向发展，而不是朝着单一化的方向推进。

五是在教材编写队伍的建设上，要着力打造一支信息化技术教材编写的专业团队。同时，在打造职业教育教材编写队伍的过程中，可以充分发挥企业对教材编写队伍的影响作用，以更开放的姿态、更博大的胸襟、更聪颖的智慧，去打造更具有包容性、全面性的职业教育教材。

六是要注重群众对数字化教材的反馈与评价。数字化教材应将技术的内容作为核心的内容，要立足于本专业，从数字化教材界面、书签、舒适性等方面进行设计。总之，教材的设计要以读者的满意度为最终评价目标，以读者对教材的评价作为教材改进和提升的依据。

第三节　基于产教融合的职业教育新形态教材开发

为了加强"十四五"职业教育规划教材建设，教育部在《国家教育事业发展"十四五"规划纲要》中指出，职业教育要在传统公共课程的基础上，加强对新兴重点专业的培育力度，同时也要根据新涌现出的专业抓紧研究设计与新兴专业相匹配的教材。同时，《"十四五"职业教育规划教材建设实施方案》（以下简称《方案》）中还对教材编写队伍的建设、教材规划教材评价督查等方面提出明确要求。这对于在产教融合背景下开发职业教育新形态教材具有重大意义。本节将基于产教融合的职业教育新形态教材开发策略展开讨论。

一、深度推进校企合作开发教材

与高等教育不同的是，职业教育更加重视对社会生产的直接作用和影响，因而职业教育总是在强调要培养技能型的人才，而技能型人才恰恰就是在企业生产发展过程中时刻都需要的人才。但行业产业的发展具有动态性，要解决当前职业教材内容陈旧且更新不及时、与企业生产实际脱节、教材内容选用不规范等问题，职业院校应加强校际交流、校企合作，邀请企业共同开发教材。

首先，在制定课程标准环节，职业院校应邀请行业、企业有关专家共同参与，明确人才培养方向。其次，教材编写团队不仅要有学校专任教师，而且要包含企业专家。这样，既能保证教材内容包含了行业、企业的新技术、新工艺、新规范，又能很好地将企业技术、规范、案例融入其中。同时，职业院校教师可以将自身在教学方面的经验成果进行转化、补充为可操作的教学内容，并对教材内容进行重构，生成符合职业院校需要的特色教学资源，突出职业教材的职业性和实用性。最后，职业教育教材内容构建时应适当引入企业评价，并将 X 证书融入考核内容。学生的职业技能最终需要企业的检验，X 证书由最具权威性、代表性的行业组织、企业和院校开发，反映着专业的最新动态，能保证职业院校人才培养的可持续性。

二、校企协同开发新型活页教材

所谓"新型活页教材",包含有三个基本的元素——"新型""活页""教材","新型"指的是教材要新,这种新不仅需要体现在教材的内容上,而且需要体现在教材的结构和形式上。与新型教材相对应的是旧式教材,旧式教材已经明显不适应现代职业教育的发展需求,我们在职业教育发展的道路上,切不可故步自封,要敢于且坚决地以新型教材取代旧式教材,从而开拓出现代教育的新篇章。"活页"的意思是"未装订成册而可以随意分合的书籍、簿本、纸张"。与传统教材不同,新型活页教材允许读者对内容作出更改,但是这种更改需要建立在科学、大众化的基础上。"教材"就是我们通常使用的教学材料,新型活页教材在一些专业术语的表述上,也表现出与传统教材不同的一面,它更加突出专业性术语的学术性,因此,新型活页教材在专业术语的表述上格外慎重,这也是新型活页教材尊重知识、尊重研究的一种表现。《方案》要求,"结合专业教学改革实际,分批次组织院校和行业企业、教科研机构、出版单位等联合开发不少于1000种深入浅出、图文并茂、形式多样的活页式、工作手册式等新形态教材"。

新型活页式教材可以及时更新内容、灵活拼装书页,并根据用户需求变化教材。学生在学习过程中的心得体会,以及行业企业专家、一线技术人员的实践经验都可以丰富活页式教材内容,形成全员参与的开放型编写机制。首先,传统的职教教材不能很好地体现职业教育的职业性,新型活页式教材应将理论知识与实践技能有机结合,坚持以职业能力培养为主、理论知识为辅的原则,形成"从项目到任务再到能力"的教材设计思路。其次,新型活页式教材应采用模块化设计,每个模块都是一个整体,既能独立,又与其他模块有关联性,这样便会使教材内容更新及时且不破坏教材的完整性,这也是职业教育教材建设的重要目标。最后,充分利用现代信息技术,通过虚拟仿真、VR技术等手段将抽象知识具体化、形象化,解决传统教材枯燥、不易理解的问题，加强教材的即时性和功能性。

三、校企协同开发工作手册教材

工作手册也是《方案》中提到。与活页式教材相比，工作手册式教材更加注重内在逻辑和组织编写，工作手册式教材具有以下两个主要特征：一个是工作任务导向。工作手册式教材内容编排以具体工作任务为导向，以实际项目为载体，详细描述项目完成过程，并借助现代信息技术手段全方位展示操作流程，指导学习者规范地完成具体项目。另一个是学生本位导向。工作手册式教材不再是传统知识体系和操作方法的概述，而是集典型工作任务、经典案例、操作流程、课后思考、工作反思于一体的立体化教材，它是学生的"任务单"，以"做中学"为主，学生通过实际操作直接获得经验。

工作手册式教材的建设应遵循以下路径：首先，具有动态生成性功能。新型工作手册式教材建设应保持动态生成功能，不仅提供预设资源，还应保持足够的开放性，及时记录学习者的感受和反思，并能进行自我评价和教师评价，将学生的学习过程转变为生成性的教学资源，定期对接市场动态发展情况。其次，具有智能化功能。工作手册式教材应通过智能化信息技术的应用，及时记录项目或任务的操作流程、路径、规范和结果，配套开发数字化资源，凸显教材的实用性。最后，具有立体化导向功能。新形态教材应打破传统纸质教材局限，建设数字资源，在信息技术的帮助下，学生可以用手机扫描二维码获取教材，加入在线开放课程，开展在线测验与线上交流，融合多种教学活动，提升学生参与度，提高教学效果。

第四节　融入 VR 技术，建设职业教育数字教材

数字教材指的是将互联网、服务终端及数字资源相结合，以网络数据传

导为媒介，进而以立体形式为使用者快速提供需要的知识内容的一种教材形式。目前已有一些院校在这方面做出了积极有益的探索，将教材放到 VR 眼镜里。例如，位于香港特区的中国文化研究院于新冠肺炎疫情防控期间完成了"中国国民生活面面观"虚拟展览馆，以及中国四座城市的"VR 全实景考察"，学生可通过 VR 眼镜在家观看，足不出户地了解中国的真实面貌。该研究院已把约 1000 台自制 VR 眼镜送予全港中小学，并附有相关教材，最后取得了良好的效果。事实说明，在教育信息化的背景下，将 VR 技术融入数字教材建设中，有利于推动传统课堂教学方式的变革和教学工作水平的提升，因此，需要我们进行细致的探讨与研究。本节将首先探讨与研究将 VR 技术融入数字教材建设中的意义及其内涵，其次依照该项工作的着力点提出具有针对性的策略，以期助力实现 VR 技术与数字教材二者之间的有机融合，为我国职业教育教材建设的更新与完善贡献出绵薄之力。

我国针对数字教材的相关研究兴起于 20 世纪 90 年代，数字教材的相关配套技术也在互联网技术的发展过程中逐渐完善。而将 VR 技术融入数字教材建设中，不仅能够有效代替传统纸质教材的教学功能，还能够在此基础上进行创新优化，使数字教材的内容与范围更加丰富多元，VR 技术为数字教材构建了良好的发展前景。

一是数字教材的价值。数字教材属于一项信息技术产业，有助于教育事业水平的提升，也可以促使教育工作充分符合当前信息化时代建设与发展的需求，开辟出信息化与数字化教育路径，用以优化教学工作的质量。在当前教育信息化的背景下，为了全力助推教育事业实现稳定且高效的发展，并创新教育工作方法，便需要着重应用当前信息化技术以及网络通信技术，实现教材的革新发展。因此，数字教材的重要意义便凸显出来，通过数字教材可以引导整体教学过程朝网络化与信息化方向发展，同时构建起以数字教材为核心的信息化教育工作模式，用以助推教育事业稳定向前发展，也彰显出良好的发展趋势与空间。此外，数字化教材在应用的过程当中也不再局限于纸质教材的数字化，还可以通过网络数据库资源进行教材内容的延伸，从而使学生在教材学习的过程当中接触更为广泛的知识内容，拓展学生的知识含量，促使学生能够在持续不断的学习当中取得更为良好的学习成效，优化教育工作水平以及实效性。

二是将 VR 技术融入数字教材建设中的意义。在教育信息化转型进程中，需要创造性地将 VR 技术融入数字教材建设中，通过 VR 技术创新数字教材模式，从而确保教材充分符合当前信息化时代发展的需求，使信息化、数字化职业教育井然有序地开展，并且达到良好的教育工作目标。从本质上来说，将 VR 技术融入数字教材建设当中有利于开辟出全新的教材类型，同时也给教育事业提供全新的教育工作思路，促使数字教材与当前信息化教育工作深度融合。在我国《教育信息化 2.0》颁布实施之后，全国多地已经开始投入数字教材的研发与教学实践，对于数字教材的建设与发展具有极为深远的影响。并且我国在 2019 年印发了《中国教育现代化 2035》，进一步确定了教育工作的数字化发展方向，在此背景下便需要大力开展数字化教材建设，而将 VR 技术融入数字教材建设中有利于创新教育工作模式，实现教育工作信息化与数字化发展，进而助力我国社会主义建设事业稳步向前迈进。

| 第十章 |

职业教育教学与实践场景的转化

职业教育的教学场景不仅包括课堂场景，还包括科研、实习、实训等场景，涵盖人才培养的全过程、全方位。在职业教育已成为改善高技能人才短缺问题的关键突破口而职业教育学生综合素质偏低的形势下，职业教育必须在教学方法上进行改革和创新，注重在实践场景中开展教学。实践证明，在职业教育中推行实践场景教学法可以激发学生的求知欲，增强其学习兴趣，实现校企零距离无缝对接，是行之有效的教学方法。为此，本章将讨论直播场景的运用与优化、三维可视化教学场景的应用与探索、VR 虚拟教学场景的运用与展望等议题，以丰富与推动职业教育教学方法的改革与创新。

第一节 直播场景的运用与优化

2020 年春季，受新冠肺炎疫情影响，全国大中小学将线下教学工作转移到在线课堂，在网络直播平台以音视频文字等形式进行教学。职业院校可以运用网络直播技术构建线上直播教学场景，实现课堂教学线上线下的融合；职业院校也可以运用线上直播教学场景优化传统教学模式，实现从线下向线上的转换。本节就以此为题展开讨论。

一、运用直播场景，深化"教""学"效果

网络直播是指通过终端将自己的视音频图像实时传递给互联网上所有人收看。在现阶段，职业教育教学应更好地运用网络直播技术，构建线上直播教学场景，以实现课堂教学线上线下的双线融合，从而使线上教学场景得到深化。

一是实现师生在场景中的互动。线上教学场景击穿区隔虚拟与现实的时空边界，把线上线下课堂从各自分离融合成相互嵌入的状态，使师生的感觉和知觉交汇于虚实互嵌的教学场景中；同时借助网络直播技术把原本出现在线下校园课堂的教学行为延伸到线上课堂，使学生的反应可实时反馈于教师，实现了师生在场景中的互动。

二是增强临场感体验。直播教学探索在新冠肺炎疫情影响下出现了突破性的进展。与慕课类录播课程不同，此次借助网络直播平台进行的线上教学为师生提供了音视频文字等形式的即时交流互动方式，增强了临场感体验。

三是有助于师生主观约束自己的行为。融合线上线下场景的网络空间，既有线下课堂的师生关系的呈现，又涉及个人生活场所的展露。在这种现实空间与虚拟平台交融的场景中，教师与学生有时会不由自主地产生相互约束。并不是每个人都能够在面对镜头时保持长时间的泰然自若，因此，置身于直播场景镜头前的师生的行为会因为彼此的呈现较日常而有所收敛，这其实是在进行印象管理。此外，学生在网络教学场景在看到的教师内容也有别于线下课堂之所见，当经验世界的方式改变了，学生对教学行为的感知和对知识的吸收也会有所变化。这种影响还可以由内而外地影响人们对世界的认知，并改变其行为。因此，网络直播有助于良好习惯的养成，对提高素质无疑也是有益的。

四是有助于客观规范"教"和"学"的行为。由于在线课堂在"云"

端直播，校领导、家长等其他人员可通过加入班级线上课堂进行旁观，或以线下观看的方式关注师生上课的情况。这意味着，线上课堂中的师生处于被"监视"的状态。例如，有老师调侃，当知道自己的直播被很多人一起观看后，每次直播都不得不正襟危坐。尽管在线下教学场景中也会出现以巡察形式监督教学行为的相似情况，但线上课堂的即时互动反馈，所有人都能以无形的"在场"方式进行即时直接的监督。这会客观约束线上课堂中师生的行为，从而有助于客观规范"教"和"学"的行为。

二、借助线上教学场景，优化传统教学模式

在网络直播技术构建的线上教学场景中，传统的线下教学模式会随媒介环境信息流通模式、师生认知、角色与行为的改变而发生变化。与传统线下课堂面对面授课、慕课录播教学等限于固定时空的教学模式相比，直播教学依托网络平台构建了敞开式的线上课堂，形成更加开放的教学模式和课堂互动方式，有助于实现教学创新。例如，可以借助网络直播技术平台呈现丰富的教学内容和形式，制作适合直播教学和互动的授课内容，从而打破照搬线下教学模式所产生的瓶颈问题。

如果说直播教学构建的虚实互嵌的教学场景突破了传统课堂的"封闭式"教学模式，那么直播课堂开放式的教学模式则使课堂教授的知识走向"生成式"发展。

网络直播课堂可同步进行直播与录播，可以保存即时、易逝的课堂知识，实现课堂教学场景的可回溯。这既为学生课后查漏补缺、巩固记忆提供支持，也为教师复盘教学过程、优化教学方式提供了便利。除此之外，在具备网络媒介社交属性的直播课堂中，教学过程及师生利用音视频文字等进行实时互动所产生的内容被录制和转发到公共平台后，通过同步性的弹幕、提问回复等互动又被重复观看并再次"生成"动态的内容，直播课堂如同敞开的块茎一样，在网络中不断连接新的成员、新的话题，教学内容也自单一知

识点扩展至多维知识面。这意味着，过去传统的教学主要依靠教师在课堂讲授知识，如今来自师生之间的互动讨论、匿名观看者的回复等作为教学内容的延伸，也成为可拓展知识面的来源之一。

第二节　三维可视化教学场景的应用与探索

三维可视化正在解锁工业 4.0 时代下更多的智能形态，三维可视化可以让复杂的事物简单化、直观化。本节主要就职业教育领域三维可视化教学场景的应用与探索的相关问题进行讨论。

一、三维可视化在职业教育教学领域的应用

三维可视化融合了多媒体、物联网及三维镜像刻画等多种技术，完成数据处理的虚拟化，将真实场景通过建模等方式制作成虚拟仿真场景，与真实世界一一对应。根据各类传感器产生的监测数据与其空间位置，对物体展开多方位的监管，搭建根据现实的 3D 虚拟现实技术实际效果，让数据呈现更加直观。具有场景可视化、设计可视化、数据可视化的特点。

在职业教育教学领域中，三维可视化发挥着重大作用，通过结合其他高新技术，如 DTM 数字孪生模型、流式数据追踪、GCL 技术等，在实训中实现虚实映射，使数字化模型和实物装备双向同步互动，实时追踪、记录学习数据，将教学数据可视化，大大激发学生的学习兴趣并提升教师的实操教学效果。装配式工程 IDT 实战演练系统这一多场景、多体系的智能制造教学实训装备就是三维可视化与教学实训完美结合的开拓者。例如，基于 DTM 数字孪生和三维可视化创造与真实校园 1：1 的数字孪生校园，通过全域数字校园 5D 管理平台，可覆盖应用安全管理、校务管理、教学管理、场所管理、资产管理、能源管理、师生管理七大场景，实现精准映射、地空传感布设，

实现校园基础设施的全面数字化，实现人员、车辆动态信息在仿真空间实时留痕，模拟人、物在真实校园中发展轨迹，并预判发展方向，还能对潜在危险进行智能预警并提出合理建议。

在三维可视化与教学实训相结合的教学实践中，用三维数字化图纸教学是技术赋能助力职业教育的一个典型场景。图纸是造船行业各岗位工种交流的语言，在江南造船集团职业技术学校，学生们查看的图纸不再是二维纸质图纸，而是三维数字化图纸。三维图纸可以全方位移动旋转、对零部件进行拆分、产生爆炸效果，可以查看零件工艺信息和生产上下道工序，全面提升生产效率。该校积极探索增强现实和虚拟现实等技术的沉浸式、体验式教学，打造基于职业环境与工作过程的虚拟仿真实训资源和平台，开展数字化环境下的实训教学创新研究与实践，建设职业教育虚拟仿真公共实训基地。例如，智能制造技术虚拟仿真实训中心"分批次建设、模块化整合、数字化运行"，利用虚拟仿真技术，将世赛、国赛等设备控制对象软件化，并融合工业互联网技术，完成了《可编程控制器应用》等 10 门课程的仿真资源建设，有效实现了实训平台的拓展应用。

而在上海市工业技术学校，也有一个虚实结合的"5G＋智能实训黑灯工厂"，整合了装备制造大类的数控技术应用、模具制造技术、增材制造技术应用、工业机器人技术应用、机电技术应用、产品质量监督检验六个专业的优质资源。校长张伟罡透露，目前学校重点建设的有虚拟仿真在线实训平台、实训教学可视化、产教融合实训数字资源建设等项目，将建设 25 个左右虚拟实训项目，实现学生从进校到毕业主要实训内容的全覆盖，构建"智能制造"实训体系，形成双元育人的智慧教学新模式。

二、基于三维可视化教学资源的教学场景设计开发

教学资源包括各种教学资料、支持学习者有效学习的内外部条件，以及学习者运用资源开展学习的具体情境。三维可视化教学资源本质上是一种数

字化的立体交互资源，具体指利用三维场景、图片和可视化等技术来建设教学内容，使抽象的概念具体化、形象化，用于描述和理解抽象的概念和复杂的对象。三维可视化教学资源具有沉浸感、动态性、想象性和人机交互这四个特征。

三维可视化教学资源能够给学习者带来立体形象的感官体验，从而有效地支撑教学，可以给学习者带来更完美的色彩丰富度和空间体验感，以此给人逼真的视觉体验。例如，通过使用三维交互动画进行一些物体模型展示与运动模拟演示，可以为学习者提供幻灯片等多媒体所不能呈现的多维视角和三维空间体验，使得这样的教学资源具有更好的动态表现效果以及强交互性。不管是从知识的形象表示方面，还是从学习者的主观能动性是否能激发学习者学习积极性等方面考虑，三维可视化教学资源在教学中的应用都是一个值得发展的方向。基于这样的理解，将三维可视化技术引入职业教育教学资源的教学场景设计开发，符合信息化学习发展的潮流，是对传统教学资源的革新，使得职业院校的课堂教学活动更具趣味性和创新性。

《基于 3D 可视化技术的教学资源设计开发研究》一文认为，设计开发三维可视化教学资源是为了给学习者创设虚拟教学环境，因而在设计开发时要充分考虑资源的三维立体化和教学需要。为了避免制作的三维可视化教学资源与教学实际脱节，应该在制作之前先要从前期准备、模型建构、交互虚拟展示三个方面进行必要的模型方案设定。[①]

（1）在三维可视化教学资源的设计和开发过程中，需要借助三维可视化教学虚拟工具，应从制作工具的选择、制作脚本的设计和制作素材的收集三个方面进行考虑，并按一定的流程进行制作。

一是选择制作工具。三维可视化教学资源在开发过程中需要灵活选用合适的建模软件，当前比较常用的建模软件主要有三维 S - Max、Maya、Blender 等，这类软件工具可以用于现实生活中常见实物的模型创建、灯光渲染、

---

① 董红娟，谢志昆，董瑶，陆晓红，左薇 . 基于 3D 可视化技术的教学资源设计开发研究 [J] . 中国信息技术教育，2019（Z3）：169 - 173.

材质编辑等，还可以在后期交互过程中。为使教学资源更加形象化和立体化，并能够与三维 S－Max 软件无缝合成，逼真还原三维场景的功能，最终选择 VR－Platform 虚拟现实软件进行交互仿真平台的开发。

二是设计脚本。脚本设计是三维可视化教学资源制作的有效步骤之一，包括文字脚本的设计和制作脚本的设计。文字脚本是为了将教学过程中的教学思想反映出来，对设计的三维可视化教学资源所要传递的内容进行编写，提高课堂效率。制作脚本是以文字脚本为基础，对三维可视化教学资源的具体制作和功能进行设计，涉及的细化梳理类似于分镜头脚本，主要内容包括模型绘制的流程设计、交互模块的界面设计和教学资源交互功能的设计等。这一过程性设计作为下一阶段的资源开发依据，是教学资源制作的关键环节。

三是收集素材。三维可视化教学资源的制作是一个系统化的工程，而三维教学资源库素材的收集是一个长期且艰巨的工作，在开发之前需要对所需的素材资源进行反复的搜索、下载、拍摄和修改处理。在制造过程中通常需要准备制作软件、图形图像素材、音视频素材、动画素材和模型素材。[1]

（2）三维模型建构过程是整个教学资源开发的核心环节，该环节要求能够建立起实物三维模型数据库。在绘制过程中，模型的精确度和逼真性决定了教学场景实际应用中的教学效果，同时也对后续的交互衔接工作有一定的影响。

一是模型的制作。不同的模型有着不同的几何特征，在使用三维 S－Max 绘制模型时，需以三维 Max 提供的基本体为基础进行编辑和创建，并根据博物馆展厅和青铜器的不同样式，采用不同的建模方法，主要有基础建模和高级建模两种方法。其中的高级建模是三维 S－Max 中一些复杂性建模技术的统称，在绘制过程中，主要针对外观不规则、拥有复杂细节的一类模型。高级建模是绘制复杂和不规则模型比较常用的建模方法，在模型绘制

[1] 洪俊. 三维可视化教学资源的设计与实现 [D]. 北京：北京邮电大学，2020.

前，需要将模型进行分割处理，再通过图形合并命令工具将绘制好的模型进行组合。在这一过程中，通常会利用布尔、放样、二维线条创建复合对象，转化为可编辑的多边形，对可编辑的多边形对象进行系列变换操作即可得到相应三维模型。

二是模型优化处理。在利用三维 S－Max 软件进行模型绘制的过程中，为了满足所建构模型的逼真性和立体性，提高后期烘焙和交互的文件渲染速度，需要从模型的简化和模型的精细处理两方面优化三维模型。其中的模型简化处理，要在保证外观的前提下减少不必要的面的片数，将不会在场景中显示的消隐面进行消除。

三是模型的烘焙和导出。完成模型绘制后，在三维 S－Max 软件中将模型合并到一个场景中。为了后期能在 VR－Platform 平台软件上进行交互，在整个场景导出之前，需要进行模型烘焙操作，将三维 S－Max 软件里的光照效果渲染成贴图方式，目的是得到逼真自然的效果。在烘焙过程中，为了使灯光效果更接近真实灯光，采用外部 Lightscape 插件烘焙三维 S－Max 模型。此过程对计算机的配置要求非常高，烘焙个数不宜过多，制作过程中要注意硬件要求。烘焙好的模型导出时要注意导出方式。在开发过程中主要用到一个介于虚拟现实平台软件与三维 S－Max 软件之间的 VRP－for－Max 插件，操作过程中先设置 VRP 导出选项相对应的参数，为了提高后期作品的运行速度，可以引入"Dxt3 压缩格式"进行贴图设置，目的是进一步提高导出速度。

（3）交互虚拟展示是三维可视化教学资源设计开发的最后一个环节，应尽可能地对交互场景中的图片、文字、声音进行合理设计布局，依据人机学标准，实现学习者与虚拟环境良好交互的功能，能够身临其境，进而营造一种自主学习的环境。

一是交互界面设计。交互界面是教学交互信息传达的载体，合理的交互界面设计，更有利于教师和学生的学习，交互场景主要包括三维模型、图片、声音、文字和人物动画，需要考虑场景布局、交互层次设计和视觉等元素，而这些元素的设计不仅要准确表达教学信息，还要尽可能地使交互变得简单易用。

二是人物动画制作。为简化三维模型制作流程，通常使用虚拟现实平台软件自带的人物动画，通过体型、服装、外貌、发型选择适合教学的三维动画人物，并利用软件自带的脚本语言，开发出人物角色面部表情和肢体动作，使得人物更加形象立体，细节更加丰富，精度更加准确，更贴近真实教学环境。

三是交互菜单制作。在教学资源开发过程中，为了实现更好的人机交互，会设计一系列交互菜单，主要包括按钮交互、键盘响应、鼠标控制等。在交互过程中，几个交互菜单配合使用，对控制界面进行不同的转换，通过键盘上的方向键及鼠标共同控制人物运动方向，更好地实现人物漫游，更好地促进学习者的学习。

四是交互场景编译运行。完成所有模型的交互功能后，在 VRP – Platform 平台软件下进行相应测试、运行、修改和调试，并预览效果，最终选择菜单栏中的编译独立执行的 .exe 文件选项，输出可独立执行的文件，保证在普通计算机上能正常运行，这样即可建成关于该课程的三维可视化教学资源库。

第三节　VR 虚拟教学场景的运用与展望

VR 虚拟现实是以沉浸性、交互性和构想性为基本特征的计算机高级人机界面，综合利用了计算机图形学、仿真技术、多媒体技术、人工智能技术、计算机网络技术、并行处理技术及多传感器技术，模拟人的视觉、听觉、触觉等感觉器官功能，用户借助特殊的头戴显示器等设备，与虚拟世界中的物体进行自然的交互，从而通过视觉、听觉和触觉等获得与真实世界相同的感受。

一、VR 虚拟教学场景的应用价值

VR 虚拟教学场景是将 VR 技术应用到教学、科研和实践中以辅助教学。目前的主要代表就是教育部提出的 VR 技术实验室和 VR 实训基地。无论哪一种形式，都能够为职业院校的教学带来好处。以 VR 实训基地为例，VR 技术在职业院校实训教学中的应用有哪些？它的出现为职业院校实训教学带来了哪些机遇？

一是降低教学成本，打破时间和空间的限制。VR 技术之所以受到高校的欢迎，主要是因为该技术能够高度还原实训教学场景，让学生能够沉浸在该场景中学习。VR 技术不仅打破了培训时间和空间的限制，而且还节省了大量的教学成本，并保证了学生在培训中的生命安全。

二是加强课堂互动，提高学生学习兴趣。如今，课堂教育的互动形式绝大多数都位于二维层面，主要的教学载体是视音频文本资源。VR 技术是对真实世界或虚拟视角的良好解释器，是真实交互场景的优秀模拟器。这些功能最终增加了学生参与的兴趣和乐趣，成为随时随地穿梭于现实与虚拟之间的旅行者。有趣的互动和趣味性的课堂更容易激发学生的学习欲望，进而提高他们的学习成绩。

三是增加多重评估，巩固知识内化。在 VR 技术系统中加入探索、分析和实践，是一种功能完善的策略。在打破仅依靠实验报告进行考核的单一局面的基础上，更全面地考查学生对知识和技能的掌握情况，更注重知识的内化和技能的掌握与运用，大大丰富评价维度。

四是个性化学习速度。VR 技术已经将"个性化学习"提升到了一个新的阶段。一个典型的例子是，当学生进入一个 VR 训练场景时，系统在一系列交互的基础上，通过对他们的个人技能进行下一次评估，将他们置于实际环境中。在某些关键步骤中，该系统充当精确的指导者，帮助他们满足学习要求。在此背景下，学生可以自行设定学习进度、调整系统难度、适应学习进度等。

事实上，由实训基地的实验室为基础，通过互联网技术实现资源共享和信息互通，还可以创新许多其他应用。例如，为学生和教师提供实习实践、学习、锻炼与研发平台，根据人才培养规划，开展因材施教，配合区域相关产业的转型升级，为社会培养实用性技术技能型人才等。总的来看，包括教育部提出的 VR 技术实验室和 VR 实训基地在内的 VR 虚拟教学场景都有其应用价值。

VR 虚拟教学场景有助于实施国家教育信息化。从我国教育的实际情况来看，信息技术的主体性特征在很大程度上得到了充分发挥。然而，目前学校在教学过程中应用的信息系统显示出非常明显的局限性，这大大降低了学生的参与度和学习积极性。随着信息通信技术的飞速发展，现有的虚拟现实技术能够生动地表达教学内容，有效地提高技能的效率，进而突破教学的重点和难点。在实现人与机器交流的同时，还可以在很大程度上增强学生的学习兴趣，从而建立良好的学习环境。

VR 虚拟教学场景能够弥补教学条件的不足。例如，在虚拟教学环境中，学生可以解释相关知识点。学生职业技能培训的投资往往较大，这样一来，教学设备方面的投资就减少了。虚拟训练系统的建立可以大大减少学校设备设施的投资。

VR 虚拟教学场景可以有效保存培训场地。随着教育改革的深入，虚拟现实技术将成为教育领域的标准工具。它不仅能提高学习的主动性，还能培养学生的自主学习能力。虚拟现实的沉浸感和交互表现使学生沉浸在虚拟仿真环境中。例如，可以在虚拟现实实训基地教授机器人自动化单元管理与维护、工业机器人自动化单元安装与调试、工业机器人故障诊断与排除等课程，通过沉浸式互动培养学生的应用专业能力。这不仅可以节省大量的资金投入，而且可以根据教学需要方便地更新和添加虚拟设备。利用虚拟现实技术，可以构建一个或多个工业生产环境，如有害气体的检测、分析和测试。可见，借助虚拟现实技术，可以极大地调动学生的学习自主性，达到培养专业人才的目的。

VR 虚拟教学场景能够有效激发学生的学习动机。动机是刺激、引导和维持行为的内在过程。动机不仅对激发学生的学习活动很重要，而且对学生从活动中获得的信息中学习知识也很重要。可以通过多方面的认知来提高学习技能。例如，现代工业中使用的机器人各不相同，学校很难为学生准备各类型号的工业机器人，而虚拟教学可以模拟工业生产的真实环境。因此，利用虚拟现实技术可以为学生提供良好的虚拟实验环境，进行深入的学习和探索。

二、VR 虚拟教学场景的未来展望

以 VR 技术为应用的职业教育教学场景，不仅承担着基本的教学和科研功能，还具备知识创新生产、联结知识与实践等方面的功能，实现虚与实的结合，更能让求知者立体式地感受到知识的过去、现在与未来，更能体会承载知识的技术应用、实践与发展。VR 技术改善了职业教育教学环境，增强了学习体验，为职业教育教学创造了逼真的虚拟环境和沉浸式的感知体验，突破了空间和时间的限制，充分调动了学生的学习积极性，降低了教学成本，提高了学习效率；师生生活在近似现实的虚拟场景中，共同参与并完成各种培训，形成互动式合作教学，实现教师主导、学生自主学习的教学模式。然而，作为一项新技术，虚拟现实技术仍处于发展初期。在职业教育教学方面的应用还存在一些不足，这也是虚拟现实技术在未来教育中需要关注的发展方向。

一是不断优化 VR 技术和设备，丰富创新软件内容。现有的 VR 技术设备不够小型化，连接复杂，连接器较多。它往往是有线连接，这会影响使用且损害教学体验。此外，根据对使用者的调查，许多用户感到头晕和疲劳，这也是亟待解决的问题。因此，未来应用设备的开发应注重轻巧、简化，实现无线连接，方便操作体验；优化性能，减少头晕和疲劳，提高用户满意度。软件内容也应根据职业教育教学需要和工作场所的特点不断丰富和优化，突出特色，使其更符合教学规律和用户需求。

二是 VR 产品的性价比有待提高。尽管虚拟现实技术在职业教育教学中的应用越来越普及，但性能优良的产品价格仍然很高，这在一定程度上限制了虚拟现实产品的应用。此外，在后续应用中，设备维护升级、内容更新和添加也是一笔很大的费用。因此，VR 技术产品应该以用户满意度为中心进行更新和升级，在不牺牲用户体验的前提下，不断降低开发成本，提高应用普及度。

三是制定和完善虚拟现实技术迫在眉睫。VR 技术在教育教学上的快速发展和应用，无论是在软硬件系统设备、内容制定，还是在具体应用扩展、供应链和配套产品方面，都缺乏统一的标准规范，导致 VR 产品在企业和高校之间兼容性差，难以互联互通，教学内容共享不足，教学质量难以保障，也不符合现阶段智慧教育的理念。

四是在教育教学领域盲目推广和应用。虚拟现实教学设备及其配套内容的开发需要大量的人力、物力和财力。对于一些简单、片面的知识点和难以取得显著效果的课程，采用虚拟现实技术进行教学显然是不合适、不必要的。因此，作为一种媒体教学手段，虚拟现实技术是为了提高教学效果，不能因为时尚而被应用。在职业教育教学中，教师应根据教学需要选择合适的教学方法，避免因追求科技卓越而盲目推广虚拟现实技术，造成资源浪费。

五是 VR 与 AR/MR 将走向融合。未来的教学场景将是虚实结合的方式，侧重于 VR 虚拟现实技术的应用以及与 AR 增强现实的融合，最终实现 MR 混合现实教学场景。即应用 VR 的场景为短期建设的主要方向，AR 场景是中长期的建设对象，长期来看，MR 混合现实场景将是主导。VR、AR、MR 场景的应用不是相互排斥的，既可根据需要而独立存在，又可相互融合。

第十一章

职业教育教学管理模式的智慧化变革

随着时代的发展和科技的进步，以 5G 技术为前沿的信息技术、网络通信技术等开始深入教育行业的发展中，对教育行业信息化、数据化，特别是对职业教育教学管理模式的智慧化变革起到了重要作用。但职业教育教学管理模式智慧化尚处于发展阶段，存在一定的问题。基于此，本章分析职业教育教学管理智慧化的问题，提出职业教育教学管理新范式构建的思路，并以西安电子科技大学的实践为例分析如何建立健全智慧教学管理平台。

第一节　职业教育教学管理智慧化的问题分析

所谓智慧教育，就是在信息化技术、大数据技术、网络通信技术等的大发展和广泛运用前提下建立并发展的教育理念。智慧教育的基本理念就是充分运用现代信息技术，将其中的信息化、数字化、多媒体化的技术手段运用于教育体系，以此促进教育行业的发展和理念的革新。总而言之，智慧教育对于教师教学能力和教学水平的提高、学生学习成绩和学习思维的扩展有重要的促进作用。①

　　现阶段，我国职业教育教学管理模式的智慧化由于处于发展阶段，尚存在一定的问题，需要教育部门和学校、教师共同努力，共同解决问题，促进智慧教育体系的建立与完善。本节将分析职业教育教学管理智慧化的现存问题。

一、智慧教育管理模式有待发展

　　受传统高等教育的体制等方面的影响与制约，现阶段我国智慧教育体系和教育管理在一定程度上还存在若干问题。智慧教育管理模式的问题主要包括：智慧教学没有导向性、对智慧教学要求不够严格、对课程设置缺少信息化导向、对教师的管理考核力度不够、对学生智慧教育实践能力缺乏培养等，总体来说，现阶段的智慧教育管理模式仍需发展和有效提升。

二、智慧教育模式定位不清晰

　　智慧教育以信息化为基础，它的实际应用范围更广，实现预期层级更高、包含信息基数更大，信息化只是智慧教育管理方式的基底，不能简单地将二者认定为同一种事物。但目前很多学校和教育领域的专家学者对于智慧教育理念、发展智慧教育模式、实践智慧教育方法等方面存在定位不清的问题，导致对智慧教育管理模式定位模糊，产生了偏差，而这将直接影响到智慧教育的具体执行和相关配套措施、制度及政策的建设与完善。

三、智慧教育的资源浪费问题

　　智慧教育管理模式的开展，各类教育信息化设备是不可或缺的，借助这

---

　　① 朱毅，何柏儒. 教育信息化背景下面向智慧教育的教育管理模式研究［J］. 电子元器件与信息技术，2020，4（10）：137－138.

些信息设备平台，可以高效开展教育教学活动，但在实际执行过程中，相当多的高校并没有对智慧教育进行深层次的挖掘，只局限于简单的采用，往往无法发掘智慧教育中蕴含的提升教育模式的宝贵信息，造成资源浪费。首先，由于层次和范围不同，高校的办学规模及发展方向等方面存在差异，无法在教育管理过程中构建起一个统一的标准，造成资源不完整、不规范、不兼容，智慧教育管理平台数据共享系统不完善，不同教育主体甚至同一教育主体中的数据都没有建立互通共享的思路，缺乏成熟化规范、系统化管理、标准化数据。这样一来，不仅不利于各高校之间的信息资源共享，而且使教育管理效率大打折扣，由于高校之间共享资源机制不健全，很多高校为了落实预期教育管理目标，唯有依据自身要求标准引进各种现代化信息设备平台，相互之间没有进行信息沟通，极可能造成过度投资和资金浪费。其次，智慧教育的开展必须借助于现代化技术信息平台，智慧教育模式涵盖学校所有机构设置，除了传统教育管理主要关联的学生处、教务处、就业处等各个部门，还涉及与现代教育信息化息息相关的技术部门。作为教育主体的高校教育决策的生成，需要各个部门协助完成，各个部门分别提供数据，但这些数据的提供，各个部门都有自身要求，具备各自特点，甚至取决于与各部门相关的上级系统，因此，数据格式不统一、不标准、不规范，缺乏一套兼容的教育管理模式标准，这些部门各自为政构建信息系统，造成了教育资源的低水平重复建设，浪费了大量人力、物力和财力。[①]

四、教师的智慧教学素养有待提高

由于智慧教学是一种新的教学理念和方式，很多教师的专业知识十分扎实，教学能力也十分优秀，但是，对于智慧教育的理解和运用还是存在一定的问题。虽然很多学校加快引进新技术和新设备，但对于教师教学方法并没

---

① 朱毅，何柏儒. 教育信息化背景下面向智慧教育的教育管理模式研究 [J]. 电子元器件与信息技术，2020，4 (10)：137 – 138.

有进行应有的教育指导，导致很多教师在教学的过程中使用着新设备的技术却还是运用传统的教学理念和方式，没有从本质上把握智慧教育，没有真正意义上把智慧教育与教学思想相融合，没有从智慧教育角度出发教授、与学生交互共创学习内容。这种"换汤不换药"的方式，不仅不会帮助教师提高教学能力，还会增加教师的教学负担。

第二节　职业教育教学管理新范式构建的思路

近年来，越来越多的专业人士和学者对职业院校的课堂教学管理问题进行了研究，且有着具体的研究成果，有了一些构建新管理范式的思路。本节将对此进行简单概括，以为参考。

一、发挥 5G 物联网在智慧教育管理上的作用

智慧教育是伴随着信息化技术和其他高新技术发展而发展的教学理念，因而本身也运用了诸多的先进教学技术，其中就包括当下比较热门且具备发展意义的 5G 技术。5G 物联网技术在智慧教育中就可以起到重要作用。

物联网技术本身就可以较好地运用于教育体系中，包括在课堂交互、课外研究、辅助管理等方面发挥重要作用，但是，随着物联网技术的逐渐先进和运用体系建设的逐渐庞大，过去的 4G 网络已经很难满足物联网技术的发展和应用，而 5G 技术的发展，让万物互联变为了可能。

5G 具备更快的传输速度、更高的数据峰值和其他各项优点，与 4G 相比，5G 在各方面都更具优势，这对于智慧教育体系的构建以及智慧教育平台的发展都能起到重要的作用。依托于 5G 网络的物联网技术，可以为学校建立低延迟、高覆盖的智慧教育体系，将各个设备充分地连接在一起，使智慧教育建设和管理的技术问题得到完善和解决。

例如，将物联网传感器运用于教学中，就可以做到教师和学生与机器之间的互动，并且在教学管理上也能起到监督作用。或者利用物联网、云计算技术将课内课外资源储存于云端，供学生查阅和教师使用，也能让各个学校的资源传递和获取更加简便快捷，是将教学资源共享化的重要技术手段。

总而言之，5G 技术和其涉及的众多技术手段都可以运用于智慧教育的建设和发展中，特别是以 5G 技术为依托的智慧教学物联网体系建设完成后，不论教学环境还是教学方式都会得到长远的进步和发展。

二、着眼于平台、教师、学生的教育教学管理

上述 5G 物联网在智慧教育管理上只是从一个技术方面发挥整体支持作用，职业教育教学管理新范式的构建还要着眼于平台、教师、学生等方面。

一是建立健全智慧教学管理平台。想要智慧教学发挥最大的作用，首先需要建立健全的智慧教学管理平台，智慧教学管理平台的建立和完善不只是为了更好地管理智慧教学的方式方法，更重要的是建立起了一个智慧教学的发展方向。例如，海南省为了提高其教学质量和优化教学系统，有针对性地推出了符合海南发展特色和教育情况的"一平三端"智慧教育体系，其中，"一平"就是一个网络资源学习平台，"三端"就是移动端、教室端、教学端，该教育体系从多层次多方面改革了教学体系、丰富了教学方式，对于学生学习热情和成绩的提升以及教师教学能力和经验的成长有很大帮助。

此外，智慧教学管理平台的建立，需要包含诸多板块和环节。以海南"一平三端"智慧教育体系为例，其中，"一平"，也就是网络教育平台，它包含在线课程的建设、在线课程的学习、在线课程的互动、在线课程的分析等诸多环节和内容。而"三端"中的移动端包含学习环节、考试环节、师生互动环节、在线资源环节等诸多内容；教室端则需要包含云资源、投屏互动、内容共享、教学评价等重要环节。支撑起这一切的就是 5G 技术和其他诸如大数据技术、云端技术、数据互联技术等先进技术。因此，智慧教育管

理平台的发展，离不开先进技术的支持。

二是培养教师智慧教学方式。虽然教学方式在不断变革，但是教师教书育人的义务和责任不会改变，为了加强智慧教育的作用，充分将这一新教学理念落到实处，学校和教育部门要组织相关活动和日常教育，对教师进行智慧教育的教学和培训，让教师具备合格的智慧教学理念和方式方法。例如，教育部门可以牵头各个学校组织教师培训工作，帮助教师建立完善的智慧教育理念和教学方式，并且对于一些软硬件的应用方法也要进行传授。

为了有效开展智慧教学，教师要努力将先进技术运用到实际教学中。智慧教育比较依赖教学设备，所以在建设智慧教育前，学校要根据自身情况采购合适的统一的教学设备，新设备使用的同时也要保障老旧设备的升级与更新换代，避免出现因校内设备、系统等方面不同而造成数据传输困难、效率低下的情况。在技术革新和设备更换的过程中，最好由教育部门出面对设备的使用参数要求进行规定，以此确保各个学校之间的数据共享与交换，有利于当地教学平台的建立和发展。

三是打造具有先进教学理念的智慧教师队伍。在教育信息背景下有效地开展智慧教育，教师的转变极为重要。高校应加强对教师的思想意识引导，确保智慧教育理念落到实处，让智慧教育理念真正在教师心中落地生根；引导教师更新教育理念，不断提升自身信息化应用水平，找寻全新的教育教学方式；可聘请具有丰富经验的专家学者，以开展讲座或者专题报告的形式，向教师普及智慧教育理念，加深教师对智慧教育实践的理解；增进智慧教学管理相关制度和评价体系，督促教师在原有教学形式的基础上，积极提升智慧教学的比例；转换培养教师的教育理念，帮助教师定位自己身份，找寻全新教学方式，用平等沟通互动方式培养学生。

四是提高学生对智慧教育的适应性。教育的最终目的是使学生能力全面发展，智慧教育也不例外，有助于提升学生学习的主动性、自觉性和积极性，尤其是帮助学生培养学习的"自适应"能力。为此，院校管理层要注重激发学生的思维活力和潜在能力，正确引导使学生思维发散；提供优质的学习资源，提升教学内容丰富性，借助现代教育信息平台为学生创设学习情境，实现课程教学与网络学习资源的联通；采取全面科学的评价方式，通过信息化手段全面考量学生线上线下学习成效，由单一考核向多样考核、知识考核向能力考核、结果考核向过程考核转变。教师可以从学生熟悉的 App 或平台入手，如 QQ、微信等，在教学中可以先利用 QQ、微信等聊天平台建立学习群，通过定期上传学习资料的方法，先让学生熟悉这种智慧教育的基本模式和理念，待学生基本接受智慧教育这一方法后，再逐步运用学校所提供的资源和平台进行教学，这样可以大大减少学生接触新教学方法而产生的排斥心理，有利于智慧教育在学生之间的流通与推广。这种方法同样也适用于部分尚处于怀疑期的家长，通过家长的亲身体会，可以有效提高家长对智慧教育的支持度。[①]

第三节　建立健全智慧教学管理平台
——西安电子科技大学实践推广

智慧教学管理平台需要建设完成基于 PC 和移动端的教学环境管理、教学资源供给、教学模式、评价系统、培训体系、智慧校园治理服务等系统的建设，以提升职业院校教学信息化水平和教学管理能力。为进一步提高课堂教学信息化水平，加强课堂教学管理，提高课堂教学质量，目前一些职业院校已经建成并成功运行智慧教学管理平台，取得了良好的效果。本节以西安电子科技大学为例，阐述如何建立健全智慧教学管理平台。

西安电子科技大学简称"西电"或"西军电"，直属教育部，位列国家"双一流"、"211 工程"、"985 工程优势学科创新平台"（特色 985 工程）、

① 郭阳，亓晋，许斌，董鹏．教育信息化背景下面向智慧教育的教育管理模式研究 [J]．中国多媒体与网络教学学报（上旬刊），2020（08）：133 - 135.

"2011 计划"重点建设行列。该校坚持以教育信息化支撑引领教育现代化，利用现代信息技术推动学校环境构建、资源供给、教学模式、评价改革、培训体系、治理服务等方面的创新发展，探索出了许多新模式、新技术、新方法，对于目前尚存在许多问题的职业院校智慧教学管理平台建设具有指导和示范意义。

一、利用现代信息技术，构筑线上线下一体化教学环境

西电充分利用现代信息技术，构建物联感知智慧校园环境，对传统物理教学空间和学生学习生活环境进行改造升级，构筑线上线下一体化教学环境，实现人人皆学、处处能学、时时可学。优化信息网络基础设施，总出口带宽达到 53Gbps，建成高可靠性的数据中心和稳定、安全、满足需求的数据与应用系统承载体系。建设智慧教学空间，打造三维全息教室、沉浸式互动教室、远程互动教室等 88 间智慧教室。建设智慧实验室，打造"人、物、事"的映射，以信息化推动实验室资源高效共享。建设智慧育人环境，通过物联云端管理图书馆、体育馆、学生活动中心、双创学院、书院等，打造学生自主管理、自助服务、智能分析的育人空间。

现在有的职业院校的信息化建设整体上缺少规划、以偏概全，信息化建设深度浅，提供给教师的信息化教学手段屈指可数。如多媒体教室，未综合考虑教室使用场景下的空间设计，导致交互显示系统、教学系统等模块相互独立割裂，无法形成一以贯之的应用闭环。在这方面，西电通过云网融合打造的学习新环境值得学习借鉴。

二、创新打造涵盖多项目的线下线上资源共建共享体系

西电在教学资源供给方面也有创新，他们坚持"全面、丰富、特色、开放、共享"原则，盘活各类数据资源，打造了包括题库、案例库、实验室、

联盟、慕课等许多项目在内的线下线上资源共建共享体系。推进校本课程资源建设，累计开设 2.23 万个网络教学班、2.57 万门网络课程，初步建成包含 10.22 万道题目的教学题库。加强特色资源建设，打造课程思政案例库，开设虚拟仿真实验课 32 门，引进多类别优质课程 520 余门，不断完善学校通识教育课程体系。建设"口袋实验室"，集成校内外实验平台，在线开展无缝实验、远程操作异地实验。联合有关高校建设垂直领域的电子信息类 MOOC 平台——eMOOC 联盟，实现联盟高校间课程资源共建共享与学分互认。通过资源搜索、AI 虚拟教师等智能技术支持平台快速建立课程资源，基于语音识别、文字翻译等技术，实现课程多语种翻译，推动建设具有国际影响力的中国慕课平台。

职业院校教学资源建设是职业教育信息化的一个非常重要的方面，教学资源的建设顺应我国向制造业强国发展的大趋势，同时要促进教学资源共享，将过去教师和学生接触不到的知识领域和技能展现在学生和教师面前，使学生学习知识渠道更加广阔、学生学习的方式更加简便，提高学生的学习效率和学习质量。同时教师能够相对减轻教学工作带来的负担，将更多的精力放置在如何提高教学质量上，提高教学方式的效果。此外，教学资源建设过程中教学资源库的建设可以弥补我国职业院校的师资力量缺乏、硬件设施建设不完善的缺点，促使我国职业院校对教学、管理进行改革，改变原有的课堂教学体制机制，建立健全以教学资源库为基础的教学结构，并将考核系统和评价系统与信息技术相结合，以适应我国对于职业人才发展的需要以及新式教学方式的发展。

三、通过技术融合，构建智能化人才培养体系和教育模式

西电探索智能技术与教育教学的深度融合，构建智能化人才培养体系和教育模式。创新智能教育理念，举办本科教育教学节，鼓励开展智能教育示范课程项目研究，成立智能教育产教联盟，打造"科教结合、产教融合、教

研相长"的教学模式。探索"现实教师"和"虚拟教师"相结合的"双师"协同教学模式，通过大数据分析为学生提供个性化的教学服务。开展线上线下混合式教学，探索"人工智能＋思政"，创新思政教育模式。建设西电小规模在线学习平台，利用 AI 和虚拟仿真技术实现虚拟教师教学，增强在线教学互动性，提高课堂教学质量。创新智能教育方法，通过对课程中互动数据的分析，对教师教学情况进行反馈并提出调整优化建议，提前对学生学业进行预警和干预，进一步提升学习效果。

教学模式是职业院校教学资源建设的重要内容。高职院校培养的是技能型应用型人才，不是通识教育下的通才，不是为了升学，而是为了就业。改革传统的以教学为中心的教学模式，根据专业需要开展项目教学、模拟教学、案例教学、现场教学、情景教学、模拟教学、多媒体课件教学等活动，实现教学过程与生产过程的教与学有效衔接。西电积极改变教学模式，探索新的课堂教学模式，为其他高职院校提供了借鉴。

四、建设涵盖学生能力评价、教师评价及管理的评价系统

西电构建了适用于本科生、研究生等不同阶段学生的能力评价模型，本科生能力评价模型基于核心能力素养及"五育"双维度评价体系，研究生能力评价模型涵盖 3 个大类 1000 多个能力评价点，建立学生综合性成长电子档案，通过输出"学生画像"和能力证书，为学生个性化成长与发展提供针对性的指导和帮助。改革教师评价方式，构建面向教学型、科研型等不同类型教师评价模型，帮助教师规划成长路径，精准服务教师个人发展。打造学科建设动态监测平台，以实时数据反馈学科发展情况，服务学校科学决策。推行管理绩效与质量考核评估，建立分类管理考评标准，构建面向各学院和职能部门的考核评价指标体系，对各单位的工作成效进行过程考核、阶段性总结和预警预判。

评价系统是职业院校教学资源建设不可或缺的重要方面，该体系包

括对学生的评价，对教师的评价，以及管理绩效与质量考核评估等。西电利用智能技术探索开展学生全过程纵向评价、全要素横向评价，推动教育评价深入发展，这种利用数据推行教育学生评价的方法是一个成功经验。

五、构建"注重能力、自主发展"的未来教师角色成长体系

西电实行分层分类精准培训，完善教师自主发展机制，构建教学设计师、课程开发者、学习数据分析师、终身学习者、教育研究者咨询师、学习指导者、学习活动组织者、学习咨询师等八大未来教师角色成长体系。以实践驱动教学组织重构与再造，开设全国高校教师优质示范课观摩班，遴选 6 门具有西电特色的优质示范课，帮助教师进行教学反思、改进教学方法、提升教学能力。探索校内教师培训新模式，推动"AI + 教师培训"体系建设，以人工智能支持教师终身学习、持续发展。通过"九秩大讲堂"等形式，举办新入职教师培训、网络培训、教学研讨等活动，培训教师 4900 余人次，实现新入职教师教学技能培训全覆盖。探索开展管理干部信息化专题培训，开设信息化专项课程，提升干部信息化统筹能力、领导能力、管理能力、执行能力和创新能力。

我国已经建成了世界上最大规模的职业教育体系。《2021 年全国教育事业发展统计公告》的数据显示，我国共有职业院校（含技工学校）共有11304 所，中等职业教育专任教师 69.54 万人，高等职业院校专任教师 57.02万，这两支教师队伍的质量水平直接影响着我国整体职业教育体系的质量水平。目前高质量的"双师型"教师短缺是制约职业教育发展的最大短板。来自需求端也就是职业院校的声音显示，目前职业院校最缺乏的就是高质量的融"职业性、专业性、师范性"为一体的"双师型"师资。构建完善的教师培训体系迫在眉睫。西电构建"注重能力、自主发展"的未来教师角色成长体系的新方法为我们提供了成功范例。

六、建立数据驱动的数据化、网络化、智能化治理服务体系

西电建立了以数据驱动为核心，数据化、网络化、智能化的全业务、全流程治理服务体系。构建了分析模型和决策模型，搭建智能决策分析平台，助力提升治理能力现代化水平。全面梳理师生线上线下各类服务事项和报表清单，进行服务事项的统一管理和流程再造，精简 55 项管理服务流程。推动"一网通办"，已累计进驻事项 439 件，实现跨部门 17 类服务"一次也不跑"、38 类服务"最多跑一次"。建设全流程科研服务中心，实现了各类科研项目全过程、全要素、全周期动态管理。探索建设智慧组工、智慧统战、智慧工会等党群工作应用，推动信息技术与党群工作深度结合。建立智慧校园感知层，打造校园"全景驾驶舱"，对学校消防安防、实验室安全、网络服务、后勤管理等进行实时监测、统一调度、提前预警，确保了校园的安全平稳。

大数据技术主要通过各种渠道收集数据信息，然后利用数据库的优势将收集到的数据信息长期存储。它不仅可以起到很好的数据比较和查询作用，还可以为数据分析提供全面、完整的数据参考，为高职院校下一步的决策管理指明良好、正确的发展方向。通过大数据技术的应用，可以使高职院校的管理更加准确、规范，显著提高高职院校的核心竞争力。大数据技术与课程教学的结合，可以通过对学生理论知识的收集和分析，深入了解学生在学习过程中遇到的困难和困惑。通过修改教学计划、采取针对性教学等措施，高职院校的教学水平得到了很大提高。西电通过流程再造实现了学校的"新治理"，这是另一个成功的经验。

事实上，早在 2018 年，为了推广高校在智慧教学领域的优秀经验，营造积极开展智慧教学的良好氛围，进一步推动我国教育事业发展，教育部在线教育研究中心曾开展 2018 年度在线教育"智慧教学试点项目"的评选工作。在这次评选活动中，西电入选教育部在线教育中心智慧教学试点项目。

时至今日，西电通过"新环境""新资源""新教学""新评价""新培训""新治理"等"六新"建设，探索"人工智能＋教育"的新模式、新技术、新方法，努力推动新时代学校事业高质量发展，其做法值得学习借鉴，其所取得的成功经验值得推广。

目前，西电又有了新的创新。据西电新闻网报道：由网络与继续教育学院负责的西电智课平台，是完全按照西电的教学需求进行定制开发的，同时融入了诸多 AI 教育功能，有助于教师开展精准教学，提升教学质量。使用该平台既能避免学生因不停切换平台带来的不便，又能对教师教学、学生学习形成有效监管，同时有利于教师教学资源的积累，这也是教育部线上/线下混合式教学与线下教学实质等效的基本要求。从 2021 年下学期开始，西电智课平台面向全校师生提供服务，助力线上/线下混合式教学。至 2022 年 1 月 10 日 10 点 05 分，2022 年春季学期本科生、研究生的第一堂课在西电智课平台的"西电课堂"中顺利结束，这是学校为了新冠肺炎疫情防控需要、通过西电智课平台线上教学的方式开启新学期。据统计，全校第一节课中共有 200 余位教师通过"西电课堂"为 1.1 万余名学生进行了在线授课。

新时代，新征程，西电在智慧教学方面的努力仍在继续……

第十二章

人工智能赋能职业教育教学评价精准化变革

在对职业教育进行评价时，唯分数、唯升学、唯文凭、唯论文、唯帽子的现象较为严重，以致职业教育被普通教育所裹胁。为了扭转这种局面，职业教育评价应多措并举，全面考量，特别是将《国家职业教育改革实施方案》中提出的职业教育要"由参照普通教育办学模式向企业社会参与、专业特色鲜明的类型教育转变"的要求落到实处，采取与"同等重要地位"相适应、相匹配的评价方式，以摆脱职业教育发展对普通教育的路径依赖。基于此，本章在已有相关研究的基础上，进一步讨论人工智能赋能职业教育教学评价的方向和路径等，希望助力实现职业教育教学评价的精准化变革。

第一节　人工智能赋能职业教育教学评价变革方向

大力发展人工智能技术，积极探索人工智能与教育评价领域的融合发展，是我国推动智慧教育的必然举措。课堂教学评价作为教育评价体系的重要环节，尝试开展人工智能下的课堂教学评价，有助于丰富评价内容，转变评价方式，记录成长轨迹，促进智慧评价的高效开展。开展人工智能下的课堂教学评价，能够辅助智慧评价的高效开展、关注情感信息的动态变化、还原真实课堂的精准采集、实现师生成长的轨迹追踪。

注重对人工智能下课堂教学评价方式与传统课堂教学评价方式进行比较和分析，是目前许多学者研究这一课题的显著特点。例如，《人工智能赋能课堂教学评价改革与技术实现的框架构建》一文就认为，课堂教学评价是基于教师的教和学生的学，着眼于改进教师教育教学能力，提高课堂教学质量，而对课堂教学设计、过程和结果展开的评价。从其价值意蕴层面上看，课堂教学评价是多元主体协作下进行价值判断的过程，是采集多方面信息发现价值的过程，是精准采集为教学改进提供决策的过程，是发挥其反馈功用发展价值的过程。当前传统的课堂教学评价表现为内部与外部的多元评价、过程与表现的评估判断、专家与同行的现场观察、鉴定与甄别的功能导向；而在人工智能技术的驱动下，将会推动课堂教学评价在评价主体、内容、方式、结果等方面的变革，其依托于人工智能所具备的数据挖掘、高速计算、自动分析等功能，辅助评价工作的高效开展，记录情感信息的动态变化，实现真实课堂的精准采集，追踪师生的成长轨迹。比较而言，传统课堂的教学评价，其主体是内部与外部的多元评价，评价内容是过程与表现的评估判断，评价方式是专家与同行的现场观察，评价结果是鉴定与甄别的功能导向。[1] 人工智能下的课堂教学评价，其评价主体是多元评价主体来辅助评价，评价内容是关注情感信息的动态变化，评价方式是还原真实课堂的精准采集，评价结果是实现师生成长的轨迹追踪。

一、评价主体：多元评价主体来辅助评价

课堂教学评价是对课堂教学活动进行价值判断的过程，进行判断的前提即是对现有事实的广泛认可。职业教育是跨界的教育，一边是教育，另一边

---

① 吴立宝，曹雅楠，曹一鸣. 人工智能赋能课堂教学评价改革与技术实现的框架构建 ［J］. 中国电化教育，2021（05）：94－101.

是产业，它是与普通教育不同的一种教育类型，以就业为导向，更直接地服务于产业企业。但是，在现实中，职业教育的发展自成体系，这种体系难以保障职业教育围绕就业导向办学，使产教之间、校企之间产生脱节，制约了职业教育质量的提高和作用发挥。那么，如何更好地将职业教育督导评价与普通教育督导评价区分开来，充分体现职业教育的类型特点呢？有研究者认为，应构建多元共治职业教育质量评价体系。多元共治指的就是评价主体一定要多元化，政府、行业企业、职业院校、市场和社会等要广泛参与，体现出用人单位等各方对技能人才培养的综合评价要求。多元化的评价主体有利于听取多方意见，协调不同价值标准间的分歧，从而得到公认的结果。目前，评价主体的多元化已逐渐成为教育评价改革的发展趋势。

传统课堂教学评价的多元评价主体包括内部主体和外部主体两类。内部主体是指参与课堂教学活动内部的主体，即学生和教师；外部主体是指课堂教学活动以外的评价人员，包括评课的领导、专家和同行。评价主体多元化的同时，也伴随着评价的开展和整合工作量的急剧增大。当前的多元主体评价包括教师自评、教师对学生表现与知识掌握的评价、学生自评、学生对教师授课的评价以及听课人员对课堂的评价等形式。如此，要想得到一堂课最终的评价结果则需要经历较长的统计过程，这不利于教师根据评价结果及时调整教学活动，不利于教师和学生自身对学习现状的把握和及时调控，表现出课堂教学评价开展的低效。

相比之下，在人工智能技术的辅助下，利用教室内安装的摄像头、眼动仪等实时的采集课堂图像与声音信号，利用面部识别、语音识别、姿态识别等技术对课堂教学过程中的师生表现性信息进行自动运算、分析和评价。这些设备可以方便评课的领导、专家和同行，以及市场和社会参与教学评价。同时，在教室可安装实时反馈评价数据与结果的电子显示屏或客户端，以便教师在课上实时获得评价系统的反馈数据，掌握全体学生的听课情况，从而及时调整教学内容与方法并对注意力不集中的学生加以提醒，学生也可在课下及时看到整堂课中自己的学习表现。由此可见，相较于传统评价方式中需要等待测验、问卷或访谈的反馈结果，人工智能下的课堂教学评价加快了评价的开展进程，提高了课堂教学评价对于教师教学与学生学习的反馈作用，实现课堂教学评价的高效开展。

二、评价内容：关注情感信息的动态变化

通过采集多方面内容的评价信息，明晰教育开展现状，挖掘教学改革切入点，探寻教学开展方向，是教育评价发现价值的体现。广泛地采集教育教学的多方面信息可为发现价值的生成提供坚实的支撑材料。课堂教学的目标应是丰富的、多元的，不应仅追求学科成绩的提高，而应更多地关注师生多方面的发展，既着力于实现学生德智体美劳的多方面发展，也助力教师提升教学能力与专业素养。

传统课堂教学评价内容主要包括对课堂教学目标、内容、环节、方法、结果的设计与开展、教学过程中的师生表现与课堂氛围等，注重学生知识和技能的掌握，然而忽视了学生成长所需的其他方面，包括情感、道德、价值观等。教育评价工作要坚定以立德树人为导向的育人目标，扭转重智育轻德育、重分数轻素质的现状，强调学生的全面发展。课堂是学校教育的主场所，课堂教学既是学生认知发展的教学活动，也是育人目标达成的教育途径，因此，课堂教学评价在考查学生知识掌握情况的同时，也应关注学习过程中学生的情感因素变化。

人工智能下的课堂教学评价可通过采集师生的声音、面部表情与身体姿态等数据开展课堂情绪识别，得出教师与学生动态的情感变化信息。教师在课堂教学过程中的情感往往会通过表情、语言和动作传递给学生，饱满热情的教学情绪更能够调动起学生的学习热情，恰当地使用消极情绪能起到震慑纪律、纠正不当行为的作用，但若消极情绪长久保持则不利于构建良好的课堂师生关系，从而不利于课堂教学的高质量开展。利用人工智能技术识别和分析教学过程中教师的语调、教态和情绪等教学表现，有助于教师把控课堂

情感，从而调动起积极的课堂学习氛围，建立和谐师生关系，开展高效教学。学生在学习过程中伴随着积极、正向的情感，处于专注、投入的学习状态往往更有利于生成高质量的学习效果。借助人工智能技术，把握学生课堂参与、交往互动、思维状态和课堂情感等维度的课堂表现，扭转课堂教学评价过分关注知识掌握、技能获得的现状，关注教学过程中学生的情感、态度、价值观和核心素养的生成与培养，有助于课堂教学育人目标的达成。

三、评价方式：还原真实课堂的精准采集

教育评价是教育教学发展的"指挥棒"，为教育治理提供决策材料，为改进教师的教学行为与学生的学习行为提供反馈信息。收集材料的准确性、真实性将直接影响决策的生成与反馈的效果，因此，选取恰当的评价方式，借助精准的采集工具，收集真实、客观、准确的评价数据是教育精准评价开展的先决条件。

传统课堂教学评价主要是由教育专家或同行进入课堂，直接观察教学过程中的师生表现。但此种评价方式存在弊端：一是由评价人员现场评价的公开课往往由于教师的精心准备、学生的格外集中而使得与常态化课堂状态存在差异，导致评价的真实性缺失；二是评价人员采用固定的评价指标进行赋值打分，但评价指标往往存在模糊不清、难以评判的现象。例如，教师讲授清晰、内容设置充实、师生互动充分等评价指标，多是以课堂整体氛围与自身的听课感受作为评判依据，评价缺乏量化证据支持而主观性较强。

将人工智能应用于课堂教学评价，可利用教室内安装的摄像头代替评价人员的现场观察，通过采集师生声音、面部和姿态信息，开展课堂语言分析、课堂行为分析与课堂情感分析，获取学生注意力、掌握程度、互动情况、情感状态等情况，分析教师的课堂教学行为，进而实现课堂教学的智能评价。如此开展，一是教室内没有听课专家及其他教师的干扰，能使课堂回归真实、自然的状态，能够得到可信度更高的课堂教学评价结果；二是通过

对每名学生学习情况的统计与分析，为评价工作的开展提供精准的针对每名学生的量化数据。依托于人工智能技术强大的数据挖掘与运算分析能力，采集真实客观、全局精准的数据，探寻数据间的潜在逻辑，为教学改进提供决策材料，助力课堂教学评价的高效精准开展。

四、评价结果：实现师生成长的轨迹追踪

教育评价通过判断价值、发现价值，从而为改进教育提供决策材料，最终实现教育价值的提升。通过评价结果的反馈，指向师生的多方面发展，发挥其发展价值的功用。

传统课堂教学评价结果主要以鉴定与甄别为功能导向，教师教学状况的评价结果往往与教师评比挂钩，从而使得教师一味地注重自身教学能力的提升而忽视对学生发展的关注。对学生学习状况的评价往往以检验阶段性学习成效为目的，以终结性评价的形式开展各年级各学科的教学质量检验，其结果难以真正反映课堂教学质量，也不利于发挥评价对改进学生学习状况的反馈作用，难以体现评价结果对于师生成长的发展性功能。

人工智能下的课堂教学评价可采集课堂教学全过程中师生的表现信息，开展过程性评价。对于教师而言，可通过对教师语言的分析，获取教师语言结构特点，有助于教师把握自身语言现状，识别和改进自身课堂教学语言风格；可通过课堂中的师生语言交互，识别课堂教学结构，判断师生交互情况；可通过对教师的语音语调与课堂教态的识别、分析与情感特征判断，帮助教师直观地认识到自身课堂情感状态，纠正不恰当的课堂教态，构建良好的课堂师生关系，提高课堂教学质量与效率。对于学生而言，可记录学生的举手发言次数、抬头听课时间、参与讨论情况以及专注力等课堂过程性数据，并及时反馈给学生，便于学生直观地认识自身学习状态，从而及时调整与改进，开展形成性评价。同时，依托于其大容量的存储空间、高速度的运算能力，可生成阶段性的课堂表现数据，以此追踪教师专业发展与学生全面

发展的成长轨迹。还可将采集到的学生课堂表现的数据结果，与学生综合素质评价相贯通，搭建起多维度、多层面的学生全面发展测评体系。

第二节　基于人工智能的职业教育教学评价的变革路径

职业教育的数字化转型升级，不仅要把握职业教育教学评价的变革方向，还要熟知职业教育教学评价的变革路径，更要在评价手段上寻求突破，充分利用人工智能这一数字化技术，探索更科学、更先进的手段、方法和工具，助力实现职业教育教学评价的精准化变革。

有什么样的教学评价路径，就容易形成什么样的教育生态。对于职业教育的教学评价变革路径，《人工智能赋能课堂教学评价改革与技术实现的框架构建》一文提出的是"系统架构→数据处理→应用开发"。下面来具体分析。

一、系统架构：人工智能下职业教育教学评价的设计总纲

基于人工智能的职业教育教学评价的变革路径，要根据人工智能技术发展现状以及课堂教学评价变革的现实需求，设计人工智能下课堂教学评价的系统架构。

课堂教学活动主要由教师的"教"和学生的"学"两方面组成，因此，人工智能下的课堂教学评价着眼于教师与学生两大评价对象，通过采集其声音、姿态、表情与生理信号数据，进行识别与分析算法设计，包括语音识别、自然语言处理、姿态识别、表情识别以及基于脑电的情绪识别等，指向课堂语言分析、课堂行为分析、课堂情感分析与课堂教学评价体系四大应用场景。

二、数据处理：处理师生的声音、姿态、表情与生理数据

数据处理着眼于教师与学生两大评价对象，具体如下。

一是处理声音数据。声音是传递内容、表达意图与情感的介质，也是人类最天然的交互方式。计算机发明之后，让机器可以"听懂"人类的言语，了解言语的内涵，并能做出正确的回答就成为人们的追求。人工智能对声音数据的处理，一方面，可利用语音识别技术获取人类的语音信号，将其转变为相应的文本并开展进一步的自然语言处理任务。通过对情感词及关键词等的识别与标注，可进行语言文本分类，以分析课堂师生言语结构及情感信息。有研究综合卷积神经网络和 BiLSTM 网络建立特征融合模型，在提取文本局部特征的同时兼顾上下文的全局特征，提高了文本分类的准确性；另一方面，声音信号的语音语调可以反映发言人的情感状态，例如，高昂的语调往往表达激动、兴奋的情感，低沉的语调往往表达悲伤、阴郁的情感等。有研究认为，从语速、平均基频、基频范围、强度、音质、基频变化、清晰度等角度，可以针对愤怒、高兴、悲伤、恐惧、厌恶五种情绪进行声学参数特征划分，该研究为语音语调识别的开展积累了经验。

二是处理姿态数据。人体姿态识别是通过对手势、动作、姿态等进行识别以反映人体状态或意图的技术，通过对人体结构的建模、定点与分割，剖析姿态动作中所传递的情感导向。在课堂教学中，通过人体姿态识别，能让教师高效且直观地掌握学生学习行为投入的情况，为后续优化教学设计与实施教学干预提供数据支持。现在市面上有一种人体姿态监测系统，分为人脸姿态和人体姿态两个方面，其中人体姿态是基于人体骨骼关键点配合深度图像，从而精准地判断出各类人体姿态。这项技术以前都是二维图像信息，而我们创造性加入了三维深度信息，来辅助人体姿态识别。相关的研究，还有基于人体骨架信息的提取实现对学生听讲、看书、站立、举手和写字五大行为的识别；有设计算法对学生起立发言、注视前方、阅读、书写、交谈、身

体转向背后、使用手机、趴在桌面等课堂行为进行检测；有基于手势空间分布特征开发的手势识别算法，可以实现在复杂背景下实时地对人体手势进行识别等。这些都为精细识别与分析教师和学生姿态以反映课堂行为，积累了可实施的算法开发基础。

三是处理表情数据。表情是在表达与交流过程中所流露出的情感的外在表现。面部表情识别是通过对人脸面部表情的捕捉与分析，使机器能够识别出人的表情所透露出来的信号与意图。对面部表情进行识别处理主要有两类，一类是对局部特征的识别，其可通过定位和分析眉毛、眼睛、鼻子、嘴唇等关键点特征，识别面部肌肉动作，并以此进行面部表情分类；另一类是对整体特征的识别，通过对面部整体进行识别分析，区分不同表情的面部特征，特征脸方法与弹性匹配方法均是常用的基于面部整体属性进行识别的方法。2022 年 2 月，有科学家在人脸识别的基础上进行提升，通过面部表情操纵虚拟环境中的物体。这种技术抛弃了原有的通过手持控制器或触控板，为虚拟现实技术提供了新方法，被认为是为打入元宇宙世界提供了新途径。其实这也可以作为处理师生面部表情信号数据的借鉴。

四是处理生理信号。生理信号主要包括脑电、心电、机电、皮肤温度等。通过对生理信号的采集与分析，能够捕捉更为细微的情绪变化。由于生理信号变化往往比面部表情、姿势或语音等更接近人真实内在的情感感受，因此，生理信号常被用作观察情感变化的参考。这在教育教学上具有重要意义，例如，在更为专业化的智慧教室环境中，可提供更为精准的课堂教学情绪表现分析结果。以脑电信号为例，脑电信号按其产生的方式可分为诱发脑电信号和自发脑电信号。诱发脑电信号是通过某种外界刺激使大脑产生电位变化从而形成的脑电活动；自发脑电信号是指在没有外界特殊刺激下，大脑自发产生的脑电活动。通过脑电特征识别学习者的情感信息的相关技术，大都具有操作易、效果好的优势，可从时域、频域、时频域、空间域几个维度对脑电信号特征进行分析，开展情绪归类。也正因为如此，脑电信号已经成为广受研究者青睐的生理信号采集选择，例如，北京交通大学在读博士贾子钰的"基于深度学习的脑电信号情感分类研究",其可以作为处理师生生理信号数据的借鉴。

三、应用开发:语言、行为、情感的分析及教学评价体系

应用开发是人工智能下课堂教学评价的实践路径中系统架构最终指向的应用场景,具体包括课堂语言分析、课堂行为分析、课堂情感分析与课堂教学评价体系等四大应用场景。

一是课堂语言分析。语言是课堂教学活动中的主要交流形式,语言行为占到全体教学行为的80%。以师生语言行为为抓手切入课堂教学过程,可还原课堂教学整体样貌,把握课堂教学总体结构。从互动角度分析课堂语言结构有助于把握师生的交互作用,反映教师语言是否引发学生思考,观测学生发言是否得到教师回应。借助人工智能技术对师生话语量与交互情况的统计,分析教师提问行为价值与反馈行为指向,从而调整课堂教学结构,提升师生互动实效;教师语言决定着教学活动的开展,影响着学生学习的质量,教学过程中采用引导性、激励性、追问性语言能够激发学生的学习热情,过多的命令性与陈述性语言则不利于教学过程中学生主体性的彰显。借助人工智能技术对教师语言类别与结构的分析,有助于教师明晰课堂语言存在问题,从而辅助教师修正语言行为,提高课堂教学质量。同时,通过对教师课堂语言的识别分析,还可以开展不同类型教师间的比较分析,探寻卓越教师在语言类别、场景、时间分布等方面的共性特征,开展新手教师与熟手教师间课堂语言使用情况的比较研究,从而提供给教师更为精准化、更具针对性的专业发展建议。当前,有研究基于SAC方法实现课堂师生互动的自动编码,统计师生各类语言占比,以量化形式剖析课堂师生语言行为。但这些研究仍多用于区分语言类别,统计各类语言所占时间比例层面,侧重切片式的分析,师生语言行为所反映的教育意义,语言特征与行为、情绪特征等之间的关系尚未涉及,这也是未来课堂语言分析研究中需要进一步探寻的问题与

方向。

二是课堂行为分析。课堂教学是由一系列教学行为所构成的认知活动，包括学生行为和教师行为。针对学生行为的分析可开展学生课堂学习状态的判断，如认真听课、侧身交谈、趴下睡觉等，一方面可及时将识别结果反馈给教师，以便教师进行提醒和针对性辅导，同时分析结果也可作为学生课堂学习的表现性信息纳入学生的综合素质评价体系；另一方面也可结合教师的讲解、板书、巡视等教学行为获取课堂教学行为的总体特征，帮助教师优化课堂教学活动设置，调动起学生学习积极性，使学生充分参与课堂教学活动，从而提高课堂教学质量。课堂行为分析是人工智能的一个有代表性的落地场景，用技术促进教育教学工作，通过科技手段帮助老师分析学生行为数据，有利于提供课堂质量、为后续的教学做出正确的调整。例如，AI 人体动作分析识别作为课堂行为分析的核心技术，一方面是通过摄像头实时扫描学生的行为动作，针对学生的阅读、书写、举手、趴桌子等多种行为进行分析，得出整个课堂的听课质量和老师的授课是否达到教学目标；另一方面是通过对学生面部眉毛、眼睛、颧骨、嘴巴等关键点进行定位来识别学生的面部表情，可以确认学生在课堂上的高兴、伤心、愤怒、睡觉等情绪，进而分析学生在学校的精神状态。除此之外，还可以通过教师走廊、操场等位置的监控摄像头来 AI 动作分析学生是否有打架、吵闹、离开校园等危险情况。当然，使用 AI 技术监控学生的喜怒哀乐和一言一行是否符合相关法律、是否会让学生反感，这也是需要解决的重要问题。

三是课堂情感分析。课堂教学的过程既是教师向学生传授知识的过程，也是师生间情感交互的过程。学生的课堂学习感受与知识掌握均会通过外显的面部表情及身体姿态予以反馈，例如，处于专注、轻松、正向的表情，身体坐直抬头听课，反映学生积极地投入教学活动，同时知识的掌握并未给学生带来认知负担，知识掌握情况较好；处于迷茫、困惑、负面的表情，身体左右倾斜，视线未集中于黑板或书本，则反映学生的课堂参与较弱，所学知识存在认知负担，知识掌握情况较差。借助人工智能技术可采集学生面部及身体姿态数据，获取学生情感特征，从而反馈给教师以便及时调整课堂教学内容与教学方法。在现有研究成果中，多是着眼于课堂中学生的情感状况，而鲜少对教师课堂情绪展开研究。在这方面，《人工智能时代教师角色焦虑的表征与纾解路径》一文提出的纾解路径是：厘清智能教育场域下教师的知识诉求，构建校本化教师信息素养培育体系；建构教师技术领导者身份，坚守教师在智能教育场域中的职业优势；精确诊断与满足教师的智能教育诉求，关注基于证据的焦虑消解机制设计。可作为参考。事实上，教师在课堂中的情感状态一定程度上会影响整体的课堂教学氛围，教师课堂情绪的把控也是教师课堂教学能力的组成部分。因此，尝试对教师课堂情绪开展分析研究是人工智能赋能课堂教学评价改革的研究方向，是搭建基于人工智能的课堂教学评价体系的重要环节，通过识别分析教师情绪表现种类与时间分布，比较新手教师与熟手教师课堂情绪表现是否存在差异，归纳卓越教师情绪表现特点，以期为教师提高课堂教学能力提供改进方向与依据。[①]

四是课堂教学评价体系。采集多模态课堂教学活动数据，综合运用多种识别与分析技术，尝试搭建课堂教学评价体系，实现人工智能技术的自动采集、运算、分析与评估，是人工智能下课堂教学评价应用开发的根本目标。但当前研究多是基于单模态数据的分析评估，正如上所述的课堂语言、行为与情感分析；而基于多模态数据的智能分析，能够更加全面立体地还原课堂教学、开展课堂教学评价。当前已有研究尝试开展课堂教学智能分析，但现有研究多是停留于表面，关注课堂语言、行为、情感的类别、形式与频次，而较少地探究其深层的内涵、生成原因以及背后的教育意义和价值。教师的课堂语言是施加教学影响的直接途径，课堂行为是开展高效教学的行动导向，情感状态是课堂教学氛围的隐性渗透；学生的课堂语言是其课堂参与的反馈与知识掌握的检验，课堂行为是其课堂表现与学习状态的体现，情感状态是其课堂学习体会、收获、感受的情感表达，能够反映其课堂学习效果。

---

① 赵磊磊，江玉凤，杜心月．人工智能时代教师角色焦虑的表征与纾解路径 [J]．教师发展研究，2021（4）：32－37．

多模态数据共同构成课堂教学的有机总体，尝试搭建多模态数据下的课堂教学评价机制，探寻数据间的内在关联，挖掘课堂表现背后的教育意义与价值，应是人工智能赋能课堂教学评价改革的发展路径与目标追求。目前，已有越来越多的基础教育学校开始将人工智能引入校园，尝试开展人工智能下的课堂教学评价。例如，杭州十一中学在校园内试行的智慧课堂行为管理系统，通过面部与动作识别，完成课堂的自动考勤，并记录每名学生在课堂上阅读、书写、听讲、起立、举手和趴桌子六种行为，以及害怕、高兴、反感、难过、惊讶、愤怒和中性七种表情的发生次数，通过计算得到实时的课堂专注度，有助于教师及时对上课注意力不集中的学生进行提醒；重庆二十九中利用 Face Mind 课堂实时表情分析系统实时判断学生的学习与理解情况；江西省南昌市赣江新区金太阳实验中学也部署了课堂行为分析系统，通过人工智能技术实现了课堂教学的智慧化评价等。伴随着人工智能与教育越发深度地交融，对课堂中的语音、图像、视频、空间、姿态以及多模态数据进行采集与分析，全方位追踪课堂轨迹，提取与解析课堂多维度数据，进而实现智能诊断与智能反馈的一体化课堂教学与研究成为可能，基于多模态数据的智能采集与分析技术还将更广泛地服务于课堂教学评价实践，助力课堂教学评价向着高效、精准、智能化的方向变革。

第三节　人工智能支持下的教学评价未来发展展望

职业教育教学评价方法依托人工智能技术，可以把行为数据、过程数据和情感数据关联、重组、分析，从而实现了伴随式多元评价。不过未来还有很大的提升空间。

事实上，"利用人工智能技术对职业教育教学评价"的探索工作一直没有停歇。2022 年 4 月 2 日，由中国教育发展战略学会教育标准专业委员会主办的"基于人工智能技术的课堂评价标准"学术研讨会在北京师范大学召开。与会的专家学者针对"如何通过大数据为学习者提供更加精准的教学、服务""如何破解人工智能评价存在的问题""人工智能技术如何参与教育评价""如何完善人工智能技术在课堂评价中的应用模式"等话题进行了深入研讨。与会专家认为，当前我国教育评价体系尚存在不科学、不完善之处，而人工智能技术的发展则为全面深化教育评价体系改革、推进新时代教育评价体系现代化提供了契机。在数字化教育的时代，智能设备一方面能够根据教学情况采用多样化的评价指标，实现教育评价的精确和全面；另一方面能够代替人工从事教育评价环节中带有重复性的活动，减少教育评价活动的数量和频次，避免多头评价和重复评价，减轻基层和学校的负担，其速度更快、精度更高的优势也能够最大限度地降低教育评价成本。

对于这方面的未来发展，《人工智能赋能课堂教学评价改革与技术实现的框架构建》一文认为，人工智能下课堂教学评价的深度发展与广泛应用，还需探索专业化的评价指标构建，加强个性化的教师行为反馈，着眼发展性的未来教育挑战。其对此的阐述主要如下。

一、探索构建专业化的评价指标

当前人工智能下课堂教学评价的开发和实施仍处于起步阶段，算法已趋于成熟，但在课堂中的应用仍处于试点研究状态，难以作为完整的辅助性评价主体纳入课堂教学评价体系，评价的专业性受限。因此，要尝试构建专业化的评价指标，使其更具针对性地指向课堂教学实践改进。

一是应探寻量化数据的解读原则与指导意义。人工智能技术能够实现对课堂教学中师生表现的过程性量化信息的采集与分析，但对数据的分析解读以及其如何更加有效地指导教学实践方面仍有所欠缺。对收集的量化数据的分析与评估应指向遵循教育学与心理学所要求的教学规律；应指向教师课堂教学水平的提升和学生全面发展核心素养的培养；应加强对收集数据指导意义的思考与研究，使其更直观、清晰地向师生还原课堂行为表现，从而更有针对性地指导课堂教学改进。

二是应考虑不同类型与学科课堂教学评价侧重。当前研究多是针对不同课堂的共性指标开展分析，如分析教师的语言与行为类型及其比重，监测学生课堂中的注意力、活跃度、情绪状态等。不同类型课堂有各异的课堂特征与教学开展方式，如新授课强调学生对新知识的习得和理解，习题课更强调学生对知识的运用等。不同类型课堂的教学目的、内容和要求不同，其所关注的课堂表现也存在差异，因此，要探索专业化的课堂教学评价指标，考虑课型差异性，设计相应的观测指标与算法。不同学科有维度多样、层次不一的学科核心素养培养要求，仅依靠课堂教学的共性特征设计指标只能评价教师教学的基本规范，而无法使评价深入学科，专业性不足且难以得到教师认可。人工智能下的课堂教学评价应充分发挥其大数据采集与处理的技术优势，针对不同学科特征和发展要求，开发具有学科特征的课堂教学评价指标，为智慧课堂教学评价的开展提供学科针对性的实施方案。

二、加强个性化的教师行为反馈

当前利用人工智能技术开展课堂教学评价多着眼于学生课堂学习行为，重在利用智能化手段辅助教师完成对学生学习状态的监控，以便及时调整教学内容、改进教学方法，而鲜少将焦点放在课堂教学中的教师行为上。故应尝试利用人工智能技术对教师课堂教学中的行为进行识别，加强个性化的教师课堂行为反馈。

一是开展教师课堂姿态的识别与反馈。构建良好的课堂师生关系、营造积极的课堂教学氛围是开展高质量教学的前提。教师作为课堂教学活动的组织者，抬手举足间都会对学生行为与情感起到示范、引导作用。例如，教师授课时双臂交叉于胸前给人以强势的感受，双手背后给人以高高在上的感受，用单个手指指向学生给人以不尊重的感受等。研究可尝试基于人体姿态识别技术判断教师课堂教学过程中的身体形态与手势动作，帮助教师认识到自己不易察觉的身体姿态。特别是对于教学经验不足的新手教师，基于直观的人工智能反馈结果，及时纠正不恰当的课堂教态，有助于构建良好的课堂师生关系，促进课堂教学的高质量开展，助推新手教师的快速成长。

二是开展教师教学能力的观测与评价。例如，通过表情与语音语调识别判断课堂的情感态度与互动氛围；通过语音识别统计师生发言动态比率以获取课堂教学结构与活动安排情况；通过对教师课堂站位的识别判断教师对学生的辅导情况；通过表情识别掌握教师的课堂把控能力以及突发事件的处理能力等。更多地将关注点投向教师，尝试开展教师个性化课堂教学行为的识别、分析与评价，为帮助教师提高教学能力提供可观测的手段与平台，为教师教学能力评价提供个性化、针对性的量化数据支持，助力教师的专业化发展。

三、着眼发展性的未来教育挑战

人工智能在赋予教育新的发展动力，促使教育朝着智能化方向变革的同时，也将对未来的教育开展带来新的挑战。要在认清变化、规避风险的基础上积极探索人工智能赋予课堂教学评价新的可能。

一是明晰教师角色变革。开展人工智能下的课堂教学评价可使人工智能作为新的评价主体，代替教师完成对学生课堂活跃度、参与度、知识掌握情况等学习信息的自动评价，还可为学生匹配个性化的学习任务，但这并不意味着教师角色将被人工智能所替代。教师要"树人"，根本在于"立德"。课堂教学既是向学生传递知识的过程，同时也是育人的过程，学生在学习过程中的情感需求以及教师的榜样作用等教育因素是虚拟教师无法代替的。要明晰人工智能时代教师角色的新定位，把握教师工作的新变化，迎接人工智能辅助下教师行动的新挑战。利用人工智能代替教师完成部分教学与管理工作，可使教师将更多的精力投入创造性的工作中，促使教师教学模式完成从知识传授向知识建构的转变。

　　二是注重隐私数据保护。开展人工智能下的课堂教学评价意味着教师与学生在课堂教学全过程的表情、语言、动作等信息都被如实记录，面临着个人隐私被侵犯的争议。人工智能在教育领域的应用正处于起步阶段，其在数据采集、运算、分析等方面已展现出强大优势，这对于提高课堂教学评价的全面性、综合性是一次有益的尝试与突破。利用人工智能进行课堂教学数据的采集要在规避风险的前提下审慎开展，采集数据前应充分告知被采集的学生及教师，同时规范对数据的合理使用与安全存储，做好隐私的保护工作，在确保信息安全的前提下，探索人工智能为课堂教学评价带来的新的变革。

参 考 文 献

［1］曹继东．伊德技术哲学解析［M］．沈阳：东北大学出版社，2013.

［2］陈桂生．人的全面发展理论与现时代［M］．上海：华东师范大学出版，2012.

［3］陈甜、朱德全．职业教育教学的"理性"失轨与共生调和［J］．职业技术教育，2018（22）：24 – 28.

［4］邓小泉．中国教育生态系统的四个发展阶段［J］．南通大学学报（社会科学版），2013（2）：100 – 106.

［5］董红娟，谢志昆，董瑶，等．基于 3D 可视化技术的教学资源设计开发研究——以文物与博物馆学课程为例［J］．中国信息技术教育，2019（3）：169 – 173.

［6］冯晓英，宋琼．"互联网＋"教师培训与专业发展：深度质量评价的视角［J］．开放学习研究，2020，25（03）：1 – 7.

［7］福柯．规训与惩罚［M］．吴士栋，译．北京：商务印书馆，1998.

［8］戈尔丁，凯兹卡兹．教育与技术的竞赛［M］．陈津竹，徐黎蕾，译．北京：商务印书馆，2015.

［9］葛文双，白浩．教育信息化 2.0 视域下的首席信息官（CIO）——核心内涵、能力模型与专业发展策略［J］．远程教育杂志，2020（4）：64 – 73.

［10］顾建军．技术的现代维度与教育价值［J］．华东师范大学学报（教育科学版），2018（6）：1 – 18.

［11］顾建军．试论职业教育课程改革的理念转变［J］．教育与职业，2006 第 8 期，2006（8）：3 – 5.

［12］海德格尔．演讲与论文集［M］．孙周兴，译．北京：三联书店出版社，2005.

［13］姜振寰．技术哲学概论［M］．北京：人民出版社，2009.

［14］焦晓骏，华俊萍．由"翻转"走向"融合"的线上教育3.0［J］．初中生世界，2019（40）：32－33.

［15］梁显平，林成华．基于生态学视角的高等教育体系失衡问题研究［J］．高教探索，2020（03）：5－9.

［16］廖策权．教育性和职业性是定位职业教育本质的应然视角［J］．2017（3）：100－104.

［17］刘丽．职业教育知识的再审思——基于社会知识论的分析视角［J］．职教论坛，2019（9）：19－24.

［18］柳仪．教育信息化2.0背景下智慧教师能力模型构建研究［J］．教育导刊，2019（6）：76－81.

［19］米切姆．技术哲学概论［M］．殷登祥，曹南燕，译．天津：天津科学技术出版社，1999.

［20］宋晶．困顿与反思：对我国职业教育的伦理追问［J］．职教论坛，2017（19）：5－10.

［21］索磊．"教学技术理性批判"的反思［J］．全球教育展望，2014（3）：54－63.

［22］汤一介．新轴心时代与中国文化的建构［M］．南昌：江西人民出版社，2007.

［23］唐小俊，顾建军．技术知识观视角下的高职专业课程改革［J］．黑龙江高教研究，2008（10）：77－79.

［24］王辞晓，杨钋，尚俊杰．高校在线教育的发展脉络、应用现状及转型机遇［J］．现代教育技术，2020（8）：5－14.

［25］吴国盛．技术哲学演讲录［M］．北京：人民出版社，2016.

［26］吴立宝，曹雅楠，曹一鸣．人工智能赋能课堂教学评价改革与技术实现的框架构建［J］．中国电化教育，2021（5）：94－101.

［27］吴致远．技术的后现代诠释［M］．沈阳：东北大学出版社，2007.

［28］徐国庆．职业知识的工作逻辑与职业教育课程内容的组织［J］．职业技术教育，2003（16）：37－40.

［29］徐平利．从"技艺经验"到"技术知识"：职业教育作为"类型"的知识论逻辑［J］．职业技术教育，2020（19）：16－21.

［30］杨子舟，龚云虹，陈宗富．学校到底教什么：职业知识的知识观探析［J］．中国高教研究，2016（7）：91 – 96.

［31］张侠．人工智能时代职业教育的智慧教育生态系统的构建［J］．发明与创新（职业教育），2019（10）：63.

［32］招耿春．论技术理性与现代职业教育的人文回归［J］．教育与职业，2016（24）：109 – 111.

［33］赵建军．超越"技术理性批判"［J］．哲学研究，2006（5）：107 – 113.

［34］赵建军．技术理性的现代展现及其未来命运［J］．自然辩证法研究，2004（10）：48 – 51.

［35］赵磊磊，江玉凤，杜心月．人工智能时代教师角色焦虑的表征与纾解路径［J］．教师发展研究，2021（4）：32 – 37.

［36］郑勤华，秦婷，沈强，等．疫情期间在线教学实施现状、问题与对策建议［J］．中国电化教育，2020（5）：34 – 43.

［37］朱葆伟，赵建军，高亮华．技术的哲学追问［M］．北京：中国社会科学出版社，2012.

后　记

在南京理工大学读博期间，本人的研究对象主要集中在青年农民工群体。随着时代的变化，青年农民工群体有着新的特点，为了更好更快地融入社会、融入城市，青年农民工更加重视自身的发展需求，职业教育不仅能帮助青年农民工获得专业技能知识，还有助于提升青年农民工思想素质。数字经济时代下的职业教育对于青年农民工群体是一次机遇，也是一次挑战，顺应数字化时代的发展趋势，促进职业教育改革创新，加快转型升级，势必为青年农民工的成长与发展添砖加瓦。因此，本人对数字经济时代职业教育进行深入研究。

本书所阐述的议题，涵盖了数字经济时代下职业教育面临的机遇与挑战、学习借鉴国外职业教育办学经验、转型升级发展目标、解构与重塑职业教育生态、互联网思维的运用、学科布局与知识体系变革、"双师型"师资队伍建设、技术的革新和教育教学的适应性、教材建设、教学实践场景的创新创设、教学管理模式的智慧化变革、构建教育教学管理新范式、AI赋能职业教育教学评价等各个层面，全方位、多层次地展现了数字经济时代职业教育转型的路径，从而为读者描述了一个真切的现实画面和值得期待的未来图景。

众所周知，职业教育的根本目的和出路是提高毕业生的就业满意度和行业满意度。在数字经济时代，我国职业教育要跟上时代的发展，跟踪行业的需求，满足行业各类、层次人才的需求。不仅要扩大人才的"数量"输出，还要组织各类人才的"质量"输出。高质量人才基本上是每个细分行业的尖子，学历高是一方面，主要是能拿出其在某方面的科研成果，而且这个成果是比较前沿的。况且高质量人才不愁找不到工作,培养高质量人才无形中也解决了这些人的就业问题。

在这里我要说的是,那些因某种原因而无法成为高质量人才的人怎么办?这里就涉及职业教育的社会化、开放化问题。

事实上,社会上有许多年轻人错失了普通高中后,找不到上升的通道。想想看,如果把职业中专、大专、本科文凭全面向社会放开,那些早早出校门打工的人尤其是农村孩子想要上进的时候,他们就知道努力的方向了,而不会像现在这样迷茫和无助。当我们看到这么多低学历青年因没有文凭而无法在喜欢的城市安居乐业的时候,我们有没有想过给他们一个获得文凭的上升通道?

从这个意义上说,职业教育的社会化、开放化,已刻不容缓!

张 青

2022 年 8 月